JN068753

経営コンサルティング・ノウハウ **1**

経営の基本

改訂版

公益財団法人 **日本生産性本部**
コンサルティング部 [編]

加藤 篤士道 [著]
KATO, Toshimichi

中央経済社

シリーズ発刊にあたって

　本シリーズは，人材を育成しながら経営コンサルティングを行う「エデュケーショナル・コンサルティング」を基本コンセプトに出版したものである。私たち日本生産性本部の経営コンサルタントが，生産性向上のために実践している経営コンサルティング・ノウハウを公開し，経営管理に役立てていただくことを目的としている。

　初版は2014年に発刊したが，当時は「生産性向上」は経営課題には挙がっても，世間一般からの認知はけっして高いものではなかった。それが，日本経済が30年にもわたって長期に低迷し，少子化・高齢化から生産年齢人口が減少し続ける中で，その解決の道筋として政府の政策課題に生産性向上が大きく取り上げられるようになった。

　しかし，生産性向上を効率化と同義ととらえる誤った使い方も散見される。一般的にいう生産性は投入と産出の比で計算できる。そして生産性を向上するためには大別して３つの方法がある。「産出（分子）を一定に保ったまま投入（分母）を小さくする（効率化）」，「投入（分母）を一定に保ったまま産出（分子）を大きくする」，「投入（分母）を大きくすることで産出（分子）をさらに大きくする」を挙げることができる。

$$生産性 = \frac{産出（output）}{投入（input）}$$

　分母を小さくするためには「業務改善」を行って労働時間を減らしたり，従業員を減らしたりといったこと等で達成できるが，生産性の理念である「人間尊重」の考え方から後者は排除される。

　では，分子を大きくするためには何が必要なのか。それは「お客様をはじめとしたステークホルダーの満足度」を上げることや「従業員の能力を高める」こと等によって達成されることになる。

　組織はゴーイングコンサーンを前提に経営されている。したがって生産性を「持続的に向上させる」ことが最も重要である。そのためには効果的な業務改善を考えることができる従業員が必要となる。従業員が戦略上最大最強の経営資源たる所以はここにある。

　効果的な業務改善を考えるためには組織が日常的に従業員の能力開発を重視し，実践しているかが肝要となる。従業員が能力を高め，その人の仕事が改善されれば大きな達成感を感じるものだ。このことは仕事や組織に対する満足度に大きく影響する。お客様の満足を得るためには従業員が組織や仕事に満足していることが前提になるからである。

　真の生産性向上は，このように分母改善に加えて分子改善が同時になされる状態を目指すものであり，組織も個人もともに成長する状態にすることをいう。

　シリーズ第１巻となる本書は，組織経営で最も重要なトップマネジメントの仕事と責任にフォーカスし，その役割，理念・ビジョン・戦略について論じている。ゴーイングコンサーンである以上，経営者の職責は非常に大きく，重く，中でも理念は重要となる。これが遺伝子化して進化すればその組織は成長するからだ。また，多くの中堅・中小企業で事業承継が課題となる中，理念は引き継ぐ側の羅針盤ともなりうる。

　理念に基づいたビジョンを描き，戦略を立て実行する。このコンセプト設計から実践までの職責を負うのがトップマネジメントだ。経営者，次世代経営人材の方々の経営観の醸成，組織全体の生産性向上へ，本書がお役に立てれば幸いである。

2023年８月

公益財団法人 日本生産性本部
コンサルティング部長　前田　貴規

改訂にあたって

　2014年９月の初版から版を重ねることができたのは，ひとえに読者の皆様のご支援によるものと心から感謝申し上げる。企業経営の継続・成長・発展に少しでも貢献ができたのであれば，これ以上の喜びはない。

　初版の時を振り返るに，この９年間の経営環境の激変は，各位のご承知のとおりである。この数年間悩まされた新型コロナウイルスによる混乱と経済の低迷からようやく戻りつつあるが，ロシアによるウクライナ侵攻は長期化しておりグローバルに不安定要因が点在している。国内では少子高齢化の影響により人手不足が顕在化し，十分な報酬を支払うことができない中堅中小企業は人材確保に四苦八苦している。加えて，経営コンサルタントとしてさまざまな企業の支援の日々で痛感するのは，格差の拡大（企業規模による格差，地域間格差，世代間格差，性別格差，業種間格差）である。環境変化のスピードは加速の度を増している。

　改訂にあたり，各種図表をより具体的にアップデートし，コラムも大幅に書き直した。

　時代に即した事例は必ずや皆様のお役に立てると思っている。

2023年８月

公益財団法人　日本生産性本部

主席経営コンサルタント　　加藤　篤士道

はじめに

　本書は，自社を将来も成長・発展させていきたいと願っている経営者および経営幹部を念頭に置いて書かれている。

　わが国の平均寿命（2013年）は女性が86.61歳，男性は80.21歳だが，会社組織はうまくやれば，100年〜400年続けることも可能な素晴らしい仕組みである。当然，ほとんどの経営者は自分の代で会社を終わらせたいと思ってはいない。ただ，われわれコンサルタントが支援しながらも，残念ながら倒産せざるを得なかった企業も数多く存在する。関与した企業を永続させること，成長・発展させることが私のコンサルティングの永遠のテーマである。

　中堅・中小企業の経営者および経営幹部の方たちと話をしていると，抱えている問題意識が浮かび上がってくる。

- 経営環境の変化に対応して新事業を求められているが，どうしたらよいか？
- 自社が進むべき方向性を考え，検討する思考スキルをマスターしたいが，どうしたらよいか？
- 大局的視点から全社戦略・事業計画を策定しないといけないと認識している。どのようにして手をつけていったらよいか？
- 従業員，部下，後輩のスキルの平準化，人材育成が重要な経営課題だが，どうやって育てていけばよいか？
- 組織力の強化を図り，従業員のモチベーションを高めていきたいがどうすればよいか？
- 経営幹部の計数管理能力を高め，数値に執着して，数値で意思決定できるようにしたいが，どうしたらよいか？

　これらを要約すると，①経営環境変化への対応，②経営ビジョン・数値目標の設定（計数管理能力の強化），③経営戦略策定，④組織マネジメントの4つ

に分類できると思う。そして，そのすべての根幹・土台となるものは，経営理念である。

　いかにして，企業経営を永続させるか？　1つの答えは，「戦略的に経営環境の変化に自社を対応させていくこと」と考える。そして，もう1つの答えが，「組織をマネジメントして生産性を向上させて経営ビジョンを達成させていくこと」であると考えている。

　2014年9月

公益財団法人　日本生産性本部

主席経営コンサルタント　加藤　篤士道

Contents

第1章

総　論
—— 経営トップ層に求められていること

第2章

環境変化への対応
── いかなる経営環境下でも自社を継続的に成長させる

第4章

戦略策定
── ビジョンの達成のための方法を考える

第5章

組織運営
―― 戦略を実行に移すための仕組みを構築する

本書の体系図

第2章　環境変化への対応
世の中の環境変化
グローバル化

～対応していくべきもの～

第4章　戦略策定
経営戦略
競争戦略・事業戦略

第3章　ビジョン策定
経営ビジョン・経営目標
夢を語る・計数感覚

～時代変化に応じて策定していくべきもの～

第1章　総　論
経営理念
存在意義・目的・根幹
大義・拠り所・筋の通し方

～変わらずに受け継ぐべきもの～

第5章　組織運営
組織風土・モチベーション
組織構造・仕組み

～積み上げて構築すべきもの～

第1章

総　論

経営トップ層に求められていること

　企業経営を永続させ，成長・発展させるために経営トップ層に求められる役割は多岐にわたり，相互に密接に関連しあっている。本章では，経営トップ層に求められる役割，経営トップ層が持つべき資質，求められる能力と姿勢，やってはいけないことを述べたい。

1 経営トップ層に求められる役割

要　点 ・・・

☑　経営トップ層に求められる大きな役割は，(1)経営理念の承継，(2)利害関係者への説明，(3)環境変化への対応，(4)経営ビジョンの明示，(5)経営目標の設定，(6)戦略策定，(7)仕組みの構築，(8)利益とキャッシュフローの確保，(9)適切な投資，の９つである。

・・・

(1)　経営理念の承継

　経営トップ層は経営理念を受け継ぎ，次世代へ引き継がなければならない。
　なぜ，企業経営を永続させる必要があるのか？　それは「経営理念」として「企業の社会的存在意義」があるからである。世の中のお役に立っている以上，必要としてくれる人がいる以上，その使命を果たさなければならない。企業として，世の中のお役に立ちたいと思って創業した「強い想い」を受け継ぎ，引き継がなければならないことをしっかりと受け止めて意識すべきである。

(2)　利害関係者への説明

　経営トップ層は利害関係者（ステークホルダー）に対してさまざまな責任を果たさなければならない。利害関係者に支えられて会社は成り立っている。
　具体的な利害関係者と会社への要求事項は，図表１－１－１のとおりである。

図表1－1－1 利害関係者の要求事項と経営トップ層の責任

利害関係者	企業への要求事項	経営トップ層の責任
得意先・ エンドユーザー	安全で高品質の製品・サービスを適正価格で安定供給すること	安全・品質責任，安定供給責任
仕入先・ 協力会社	安定的な注文・仕事の発注	安定的な発注責任，能力開発責任
従業員	安定的な職の確保，能力開発，働きやすい職場環境，多様性・心理的安全性の確保	雇用責任，能力開発責任，働きやすい労働環境の提供責任，多様性・心理的安全性の確保責任
金融機関	継続的な成長，貸付金の確実な返済	借入金の返済責任
国	適正な納税，法令遵守	納税義務，コンプライアンス責任
地域社会・環境	脱炭素など社会的責任を果たすこと	環境保護責任，社会的責任
株主	自己資金の運用・配当・高株価	効率的な資金運用責任

(3) 環境変化への対応

　経営トップ層は環境変化に敏感であり，適切に対応していかなければならない。

　企業を取り巻く経営環境の変化のスピードは速い。どんな些細な変化も見逃さず，かつ大局的な視点で今後の変化を見通し，適切に対応していかなければならない。井の中の蛙とならないようにしなくてはならない。

(4) 経営ビジョンの明示

　経営トップ層は従業員に夢・ビジョンを語る必要がある。

　ビジョンとは，「将来において，企業としてこうありたいと思う姿」を示したものである。今日よりも良い，素晴らしい明日にするように努力していく，志を同じくする仲間を集めるためである。

(5) 経営目標の設定

　経営トップ層は経営目標（数値目標）を設定しなければならない。

　なぜ，その数値目標にするのか？　目標水準の根拠，妥当性，納得性を利害関係者に説明しなければならない。特に資金調達先という意味で，上場企業であれば株主に対して，中堅中小企業であれば金融機関に対して，納得のいく目標を設定しなければならない。また，経営目標を達成するためには従業員の協力が不可欠である。従業員に対して経営目標設定の根拠を示したほうが，納得して目標達成に取り組むはずである。目標水準は，たとえば，短期目標＝必達目標にし，中長期目標＝ありたい姿・背伸びした数値にしてはどうか？

(6) 戦略策定

　経営トップ層は「戦略的」に考え，戦略を練るべきである（戦略的思考）。

　戦略とは「こちらの行動に対して相手がどのような反応を示して行動するかを想定した上で最終的に決めた行動・方法・考え方」のことである。したがって，「戦略」には必ず「相手」がいる。経営における重要な「相手」とは，「顧客・得意先・エンドユーザー」，「仕入先・協力会社」，「従業員」，「公共機関」，「競合先」，「株主」，「金融機関」等の利害関係者である。近年では，これに「地域社会」，「環境」も含まれる。経営戦略とは，これらの「相手」の動向を把握した上で，経営ビジョンを達成させるために打つ施策である（相手の動向を考えずに策定された施策は「戦略」ではなく，単なる「思い込み」である）。経営トップ層は，企業を永続させるためにベストな方法・戦略を策定しなければならない。

(7) 仕組みの構築

　経営トップ層は経営理念，経営ビジョン，経営目標の達成のために最適な組織体制，仕組み，システムを構築しなければならない。

　どの部門にどれだけのエネルギー（人員と時間と金）を注ぐのが最も良いの

か，その時，その時の企業の経営資源の状態によって変わってくるであろう。経営トップ層は，従業員が一丸となって経営理念達成のために行動するためには，どのような仕組みやシステムを構築すれば相応しいかを示さなくてはならない。

⑻　利益とキャッシュフローの確保

　経営トップ層は企業を存続させるために，利益を出し，CF（キャッシュフロー：利益＋減価償却費）を確保しなければならない。

　経営理念を達成することが企業経営の目的であり，その結果として利益・CFがついてくる。したがって，利益・CFを出すこと自体が目的ではない。ただ，利益・CFを確保しなければ，借入金の返済もできないし，新たな設備投資や既存設備の更新ができず，結果的に企業は存続できなくなってしまう。ボランティアでは会社の経営は続かない。

⑼　適切な投資

　経営トップ層は適切な投資をする必要がある。

　確保したCFを新たな成長のために，投資しなければならない。

　経営トップはお金の使い道を考える責任がある。そのお金の使い方は次の売上や利益・キャッシュフローの確保につながるか？　いくらお金をたくさん持っていても，次の売上・利益にはつながらない。

　真剣に検討すべき，主なお金の使い道は生産性向上につながる次の3つである。

　　①　設備投資～労働環境の整備，業務効率アップ。

　　②　人的投資～能力アップ。従業員の持つ最大限の能力を引き出す。

　　③　研究開発投資～新技術開発，新製品開発等，新しいモノを産みだす。

2 経営トップ層が持つべき資質：真摯さ

要　点...

☑　経営トップ層が持つべき資質は「真摯さ」である。

☑　倫理観・道徳観は企業経営にとって重要である。

☑　経営トップ層は自分なりの信条やモットーを持つとよい。

☑　儒教の教え，論語，武士道が参考になる。

....

(1)　真摯さとは何か

　マネジメントを「管理」と訳す人もいるが，本書では，組織をマネジメントするという意味から「運営」という意味で捉えたい。企業の組織をマネジメントするということは，「経営」に他ならない（単に「管理」するだけでは決してない）。

　「真摯さ」とは「ひたむきで真面目な姿である」。

　ピーター・ドラッカーによると，経営者に求められる資質，学ぶことのできない天性的な資質が1つだけあり，それが「真摯さ」であるという。経営者，経営幹部には「真摯さ」が求められる。常に自分が心の奥底で「自分は真摯に経営に向き合っているか？」と問い続けなければならない。ひたむきに経営に打ち込んでいるか？　いい加減な気持ちで経営をしていないか？　深刻に考える必要はないが，真剣に考えているか？

　米大リーグで大活躍している大谷翔平はインタビューで「もっと野球がうまくなりたい」と答えていた。また，トヨタ自動車の豊田章男社長（当時）は「もっといいクルマをつくろう」と従業員に呼びかけていた。このように純粋でひたむきな姿勢は人々の心に響くと思う。

　ドラッカーのいう「真摯さ」という言葉を，ここでは「倫理観・道徳観」と同義に捉えている。倫理・道徳とは，簡単にいうと，人としてやってよいこと

とやってはいけないことの判断基準であり，倫理観・道徳観とは，その判断基準の見方である。もちろん，価値観なので個人差があると思うし，さまざまな価値観を受け入れていかなければいけないものであり，唯一絶対の正解はないものだと思う。会社経営においても，当然ながら，「会社として」やってよいこととやってはいけないことが存在する。恐ろしいことに，この倫理・道徳を誤って人の道をはずれてしまうと，会社は継続できなくなってしまう危険性がある。昨今の「偽装」問題の多さには驚きを禁じ得ないが，偽装が発覚して，倒産に追い込まれてしまった会社も中にはあるのだから，経営者（および経営幹部）は改めて己の倫理観・道徳観を見つめ直す必要性があるのではないだろうか？ ただ，生まれながらにして，倫理観・道徳観を持っている人はいない。育ってきた環境，周りの人たちとの関わり合いから身につけてきたものであろうと思われる。日本における倫理観・道徳観の根っこを考えるとき，特に日本の実業界との関わり合いの深さを考えると，「近代日本資本主義の父」といわれた渋沢栄一の言葉が参考になる。約470社の会社設立に関わり，500以上の慈善事業にも関わった渋沢栄一は『論語と算盤』で道徳と商売の密接な関係を述べている。また，江戸末期に武士として生まれ，幕臣を務めたのちに実業家になった経験から「士魂商才」として武士の精神と商人の才覚を併せ持つことを提唱している。そこで，本書では，①儒教の教え：論語，②武士道から企業としての倫理観・道徳観について見つめ直してみたい。

⑵ 論 語

論語はいうまでもなく，孔子の思想を取りまとめたものだが，孔子は，人の上に立つ者は「徳」を身につけ，そのための努力をせよ，自分を律する倫理性を持たなくてはならない，と説いている。また，「人は心で動く」，上に立つ者が正しい行いをすれば，下の者もついてくるともいっている。では，人間としての「徳」とは，何か？ 「徳」は図表１−２−１の９つの要素から成り立っている。

図表1−2−1 論語における「徳」の9つの要素

仁	他人への思いやりの心，いつくしむ心。
義	私利私欲にとらわれない，人間としての正しい筋道。正義。
礼	他の人に接する際に敬意を示す作法・態度。
勇	何事に対しても恐れない心，決断力。
智	洞察力，物事を考え，判断するはたらき。
謙	謙虚，つつましく，ひかえめ。
信	相手に決して嘘をつかない正直さ。約束を守ること。
忠	自分より相手を思う優しさや真心。
寛	寛容，心が広く，人の過ちを受け入れる。

エクササイズ1

次の論語を読んで意味を考えよ。

1．学問のよろこび

子曰く，学びて時にこれを習う，また説（よろこ）ばしからずや。朋有り遠方より来たる，また楽しからずや。人知らずして慍（いか）らず，また君子ならずや。

意味	勉強したことを繰り返し復習していると理解が深まり向上するので，このうえない人生の喜びである。 学問について志を同じくする友達が遠方から訪ねてきて同じ話題について語り合うことはなんと楽しいことだろうか。 人に認められようが，認められまいが，気にせず勉強するのが本当の君子（人格者）である。

2．孔子の一生

子曰く，吾れ十有五にして学に志す。三十にして立つ。四十にして惑わず。五十にして天命を知る。六十にして耳順（したが）う。七十にして心の欲する所に従って，矩（のり）を踰（こ）えず。

意味	私は15歳で学問に志した。30歳で自立した。40歳で迷わなく なった。50歳で天命を知った。60歳で人の意見を素直に聞ける ようになった。70歳で欲望のまま行動しても人の道をはずさな くなった。

3．温故知新

子曰く，故（ふる）きを温（たず）ねて新しきを知る，以て師と為るべし。

意味	師となるべき者は，歴史，昔の人々の考え等を学んで知って， かつ，現実や新しいことを知らなければならない。

4．まずは非を認める。

過ちて改めざる是を過ちと謂う。

意味	人はだれでも過ちを犯すが，本当の過ちは，過ちを犯したこ とに気づきながらも悔い改めようとしないことである。

5．何事もバランスが大事。

過ぎたるは猶（な）お及ばざるがごとし。

意味	何事も出過ぎてもよくないし，不足しすぎてもいけない。バ ランスが大事である。

(3) 武士道

　『武士道』は1899年に新渡戸稲造が日本人の道徳観を説明するために書いた世界的なベストセラーである。「武士道」という考え方は「大和魂」，すなわち日本人の魂の根底にある考え方であり，江戸時代における封建社会の武士の生き方，価値基準を表している。武士道においても，道徳律を図表1－2－2の漢字を用いて説明している。

図表1-2-2 武士道における7つの道徳律

義	人間としての正しい道，正義。
勇	義を貫くための勇気のこと。
仁	人間としての思いやり，他者への憐みの心のこと。
礼	「仁」の精神を育て，他者の気持ちを尊重することから生まれる謙虚さのこと。武士の情け。
誠	言ったことを成すこと。武士に二言はない。
名誉	自分に恥じない高潔な生き方を守ること。裏を返せば「恥」を知ることである。
忠義	主君に対する絶対的な従順のことであるが，肝心なのは強制ではなく，自発的なものであることである。武士たちはあくまで己の正義に値するものに対して忠義を誓った。忠臣蔵の精神。

| コラム | 重要視する価値観11 |

　筆者は経営コンサルタントになったときに，自分が何のために，誰のためにコンサルタントになったか？　何を重視しているかを考えた。図表1－2－3が，そのときに記した「重要視する価値観11」である。筆者はこれを自己紹介の際に述べて，初心を忘れないように戒めている。

図表1－2－3 重要視する価値観11

①人間観	根本的に，人は誰でも「コスト」ではなく，「経営資源」である。信頼できる人間と付き合う。上司，部下，同僚を信頼しているか？　尊敬しているか？
②従業員と会社の関係	使う側と使われる側という従属関係ではなく，対等なパートナーシップの関係にある。従業員は労働というサービスを提供し，その対価として給料を得ている。
③公平性・納得性の重視	すべての人間にとって公平であることは有りえないということを前提に置いた上で，利害関係者の多くが納得できる道を選ぶ。
④金儲けだけに走らない	利益の追求だけでなく，何か（誰か）の役に立っていることを重要視する。真剣な相手には真剣に対応する。（24時間受入態勢）「来るものは拒まず，去るものは追わず」
⑤我慢強さ	人の話をよく聞く我慢強さ・辛抱強さを持っているか。いろいろな価値観を持つ人間をどこまで受け入れられるか。
⑥現場重視	机上の計算だけに偏らず，現場をよく見る。
⑦有言実行	提案だけにとどまらず，実行するために「私は〇〇をします」と宣言する。
⑧スピード	Quick Response/その場で解決する。結論を出していく。
⑨意見交換・議論重視	チーム，グループ，参加者の活発な意見交換から改善案の質は上がっていく。
⑩わかりやすさの重視	簡単に，平易に，わかりやすく，イメージを重視する。
⑪家族第一主義（ペットを含む）	仕事のために家族を犠牲にしない。人は家族の支援があって初めて有意義な仕事ができる。

（出所：加藤篤士道著『生産性向上のための経営計画の進め方』中央経済社）

エクササイズ2

　論語の徳，武士道の道徳律を見て，自分なりの信条やモットー，重要視する価値観を書き出してみよ。

信条・モットー	重要視する価値観

③ 創業理念と志〜創業者の想いを知り，引き継いでいく

要　点 ・・・

- ☑ 創業者の志が表されたものが創業理念。
- ☑ 創業理念は引き継がれなければならない。
- ☑ 企業人として自分自身は何のために自社で働いているのか，改めて問い直し，自覚する。

・・

(1)　創業理念とは

　人が人間として守る規範・基準が倫理観・道徳観であるなら，経営理念は会社内で守らなければならない憲法のようなものである。経営理念のうち，特に，創業者が作った理念を「創業理念」と呼ぶ。創業者は会社を起業する際，「己はこういうことで世の中のためになりたい」という志を持って創業している人

が多い。それが「企業理念・経営理念」として表されている。後継者および，働く従業員は，企業理念として表現された言葉から，創業者の想いを慮らなければならない。

【例：公益財団法人日本生産性本部の生産性運動に関する三原則】
　昭和30年5月20日第1回日本生産性連絡会議決定

> 1．生産性の向上は，究極において雇用を増大するものであるが，過渡的な過剰人員に対しては，国民経済的観点に立って能う限り配置転換その他により，失業を防止するよう官民協力して適切な措置を講ずるものとする。
> 2．生産性向上のための具体的な方式については，各企業の実情に即し，労使が協力してこれを研究し，協議するものとする。
> 3．生産性向上の諸成果は，経営者，労働者および消費者に，国民経済の実情に応じて公正に分配されるものとする。

　筆者が所属する公益財団法人日本生産性本部は1955年に設立され，その第1回の会議で上記生産性運動に関する三原則が制定されたため，筆者はこれを一般企業における経営理念（創業理念）と位置づけ，常に意識している。

　また，日本生産性本部に所属する経営コンサルタントは全員が下記の「経営コンサルタント倫理規定」を遵守しているが，その中でも一番最初に「生産性向上運動の三原則」が記載されている。

> 1．われわれ日本生産性本部経営コンサルタントは，生産性向上運動の三原則に基づき，コンサルティングを通して，生産性向上の推進につとめなければならない。
> 2．われわれは，コンサルタントとして，つねに資質の向上につとめなければならない。
> 3．われわれは，依頼者の長期，持続的利益を優先的に考えて行動しなければならない。
> 4．われわれは，個々の経営技術の導入のみに終わることなく，経営者および従業員に原理，原則を十分に理解し応用し得る能力を与え，指導終了後も自力で向上し得ることを目標としなければならない。
> 5．われわれは，業種，規模の大小にかかわらず，コンサルティングが有効である企業あるいは組織についてのみコンサルティングを引き受ける。

6．われわれは，すべて，客観性と，真実性に基づいた判断をしなければならない。
7．われわれは，自信と尊厳を保持するが，能力以上の仕事を引き受けようとしてはならない。また着手後といえども他のコンサルタントの協力と援助を受け入れる雅量がなければならない。
8．われわれは，仕事中に得た資料，情報については，その秘密を厳重に保持しなければならない。仕事中に得た資料，情報について，発表したいときは，必ず依頼者に事前の諒解をえなければならない。
9．われわれは，依頼者に対しては，コンサルティングの目標，範囲および費用について事前に説明し，その諒解をえなければならない。
10．われわれは，人事の斡旋，紹介については，原則として，これを行わない。
11．われわれは，依頼者が機械設備等の導入購買をなすに際し，依頼者以外の利益を目的として斡旋紹介をしてはならない。
12．われわれは，自己の業績を吹聴したり，他のコンサルタントまたは団体について，誹謗したりしてはならない。

エクササイズ3

　自社の創業理念は何か？　創業者はどのような想いでこの創業理念を策定したのか？

創業理念	
創業者の想い	

(2)　経営理念の伝え方

　このように，創業者は創業時に経営理念をしっかりと持って，事業を始めて

いる。しかし，時が経つにつれて，創業時の志が薄れてしまう危険性がある。

したがって，経営トップ層は意識的に，経営理念を引き継ぐ努力をしなければならない。

自社の経営理念，存在意義の伝え方は一般的に，下記の手法が多い。

① 毎朝朝礼時に全員で復唱する。

② 本社や工場食堂等のよく見えるところに貼り出している。

③ 年頭や計画発表会等，従業員が多く集まる際に，エピソードやストーリーにして語る。

ある電鉄グループ経営を行っている中堅企業の若手後継社長は「社長としての私の仕事は，創業者が作った経営理念を従業員に伝えていくことだ。経営理念を従業員に伝えて，安全にお客様を送り届けていくことを愚直にやっていけば，おのずと利益はついてくる」と語っていた。事実，この社長は事あるごとに，エピソードを交えながら従業員に対して経営理念を語っていた。この会社では，経営理念の真意が従業員に浸透していたと思う。しかし，それは，意識して社長が伝える努力を怠らなかったからである。

この企業は創業100年を超えて存続している。

エクササイズ4

自社の経営理念をどのように伝えているか？

(3) 志・生き方

己は何のために生きているのか？　なぜ，この会社に入って，この仕事をしているのか？　社会的存在意義は何か？　世の中の何に役立っているのか？　人はすべて，何かのため，誰かのために役立っている，または役に立つことが可能である。どうやって志を見つけるか？　自分の生き方を見つめ直してみる必要がある。

日本生産性本部の新入社員意識調査によると，就労意識のランキング上位には，①社会や人から感謝される仕事がしたい，②仕事を通じて人間関係を広げていきたい，③どこでも通用する専門技術を身につけたい，という項目が入ってきている。

人生のうちで結婚と同等かそれ以上の最大の意思決定である「就職」の際の気持ちは，働くことに対する純粋な気持ちを表していると想定される。

就職して数十年が経った経営トップ層の方たちも，もう一度初心に戻って，自分がなぜ働いているのか，見つめ直してみてはどうだろうか？

⊎ エクササイズ5

自分は何のために働いているのか？　重視しているものから順に列挙せよ。

1位	
2位	
3位	

エクササイズ6

自分の存在意義は何か？

人生を通じて自分が行いたいことは何か？	
家族にとって自分の存在意義は？　役割は何か？	
地域社会にとって自分の存在意義は何か？	
会社における自分の存在意義は何か？　役割は何か？	
顧客にとって自分の存在意義は何か？	
上司にとって自分の存在意義は何か？	
部下・後輩にとって自分の存在意義は何か？	
仕入先にとって自分の存在意義は何か？	

(例)

人生を通じて自分が行いたいことは何か？	クライアント企業の業績改善と継続的な成長の手伝い。社長と経営幹部，従業員ではなかなかできないことを実行することで役に立ちたい。
家族にとって自分の存在意義は？　役割は何か？	父親・夫として，一家の大黒柱となり，楽しい幸福な家庭を築く。
地域社会にとって自分の存在意義は何か？	マンションの管理組合の理事，少年野球のコーチ。防犯・防災対策の推進者。
会社における自分の存在意義は何か？　役割は何か？	中堅幹部として，後輩の指導育成。
顧客にとって自分の存在意義は何か？	客観的な意見を述べる社外取締役，戦略構築アドバイザー。

上司にとって自分の存在意義は何か？	サポート役。
部下・後輩にとって自分の存在意義は何か？	リーダー，良き相談相手。
仕入先にとって自分の存在意義は何か？	一緒に業務を遂行するパートナー，相談相手。

4 経営トップ層に求められる能力と姿勢（マインド）

要 点 ···

☑ コンセプチュアルスキル（総合判断能力）＝「課題形成能力＆高い経営ビジョン設定能力」が経営トップ層に求められる能力である。

☑ 経営トップ層に求められる４大姿勢とは，①率先垂範，②決断，③すべての責任を負う覚悟，④自己変革である。

···

(1) トップマネジメントとは何か

　企業とは，目に見えない人格であり，目に見えるものは本社・支社等のビル，社長，従業員，作った製品等である。企業は１つの目的のために集まった組織であり，その目的が「経営理念」である。経営理念とは，「何のために自分達がこの事業を営んでいるのか，という企業の存在意義や使命を表したもの」である。それは，企業という組織の構成員である従業員が集まるもととなった共通の基本的価値観である。

　そして，企業経営とは，どのような経営環境下においても，経営理念実現のために，企業を継続・存続させていくことである。経営理念実現のために経営トップ層が行うべきことが「トップマネジメント」である。

　「トップマネジメント」とは，「保有する経営資源（ヒト・モノ・カネ・時間・情報等）を効果的に活用し，経営理念，経営ビジョン，経営目標・計画の

達成，遂行に関する進捗統制を行うこと」である。つまり，マネジメント・サイクル（Plan-Do-Check-Action）を回すことである。

(2)　コンセプチュアルスキル：総合判断能力

　経営トップ層に求められる能力は，コンセプチュアルスキル（Conceptual Skill＝総合判断能力）である。コンセプチュアルスキルとは，言い換えれば，「ありたい姿を構想しつつ，現状とそのギャップを正しく認識し，ありたい姿への課題を形成する能力」すなわち「課題形成能力」である。ということは「ありたい姿＝ビジョン」が明確になっていないと課題は形成できない。また，現状に甘んじてしまい，今のままでよいと思ってしまったら課題は出てこないし，企業の成長は止まる。したがって，経営トップ層は，「高いビジョン形成能力」も求められている。

　ヒューマンスキルとは，コミュニケーション能力や部下の育成能力であり，管理者層に求められる能力である。

　テクニカルスキルとは，業務遂行上の技術であり，現場の監督者層に求められる能力である。

　ヒューマンスキルとテクニカルスキルが高いと問題解決能力が高くなる。

　経営トップ層は「与えられた」問題・課題を解決するだけではなく，「自ら経営ビジョンを策定し，経営課題を設定する能力」が求められている。

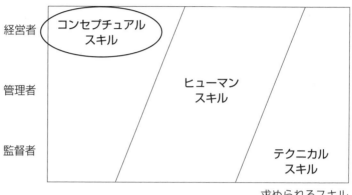

図表1－4－1 段階的に求められる能力

経営者　コンセプチュアル　スキル

管理者　ヒューマン　スキル

監督者　テクニカル　スキル

求められるスキル

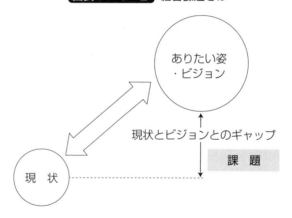

図表1－4－2 経営課題とは

ありたい姿・ビジョン

現状とビジョンとのギャップ

課　題

現　状

(3)　求められる姿勢（マインド）

　経営トップ層に求められる資質は「真摯さ」であることはすでに述べた。では，どのような姿勢（マインド）が求められるだろうか？

　①　率先垂範：人に言われたことを行うだけではなく，トップマネジメント層は他人に言われなくても行う（言われてもやらない人は論外）。

　②　提案ではなく決断をする：「○○をしよう」というアイディア提案，呼

びかけも重要であるが，「提案はしたのに皆が実行してくれないから実現しない」という言い訳は通用しない。経営トップ層は「私（達）は○○をする」と「決断」を宣言すべきである。

③　すべての責任は自分にある：企業経営のすべての責任を「誰が」負うかといえば，それはいうまでもなく社長である。経営トップ層は他人のせい，他のことのせいにせず，「それらの状況を作り出してしまったすべての責任は自分にある」と認識する。したがって，「人」に「問題」を求めず，「仕組み」に問題を求める。

④　自分が変わることで他人を変える：過去と他人は変えられない。変えられるのは未来と自分だけだ。他人の性格を変えるのは大変だ。時間がかかる。経営トップ層は，自らが変わった姿を見せて他人に影響を与えるしかない。

図表１－４－３ 経営トップ層に求められる４大姿勢（マインド）

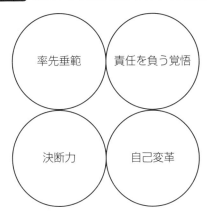

5 コンプライアンス～やってはいけないことは何か

要点 ・・
- ☑ コンプライアンス違反は企業経営の存続を脅かす。
- ☑ コンプライアンス違反を防ぐには意識面と仕組みの両方が必要。

・・

(1) コンプライアンスとは

やるべきことはわかった。人間として，企業人としてやってはいけないことは何か？　誰も見ていないと思ったら大間違いだ。忘れたころにしっぺ返しが来る。

コンプライアンスとは，狭義には法令遵守のことであり，企業が法律や内規などのごく基本的なルールに従って活動することであるが，広義には社会的規範や企業倫理（モラル）を守ることも「コンプライアンス」に含まれる。企業の社会的責任：CSR（corporate social responsibility）とともに非常に重視されている。

法令違反による信頼の失墜や，それを原因とした法律の厳罰化や規制の強化が事業の存続に大きな影響を与えた事例が繰り返されている（図表１－５－１参照）。特に企業活動における法令違反を防ぐという観点から考えてみてほしい。

図表１－５－１ 企業のコンプライアンス違反事例

1．偽装表示：産地偽装や消費期限偽装，性能偽装
2．汚職・談合：入札談合やカルテルによる独禁法違反
3．不正受給：補助金や助成金の不正受給
4．粉飾決算：売上高の過大計上，費用の先送り，循環取引（架空売上）
5．労働問題：各種ハラスメント，過重労働，サービス残業
6．情報漏洩：機密情報の持ち出し，過失による個人情報の流出
7．SNSによる拡散・炎上：不適切動画，風評被害，誹謗中傷

コンプライアンス違反により，経営者が責任を取って交代したりするなど，企業は信用・信頼を失墜し，信頼回復のためのコストは計り知れないものがある。コンプライアンス違反が起きた場合，企業存続すら危ぶまれることになる。コンプライアンス違反は社内の通報で判明することが多い。

⑵ コンプライアンス違反が起きる原因は何か

そもそも，企業で働く人々の倫理観が間違っていなければ，コンプライアンス違反は起きないと思われる。経営理念が反社会的なものであれば別だが，経営理念は利害関係者の幸せを願うものが多いはずである。したがって，経営理念の実現に向けて一生懸命働いていれば，コンプライアンス違反は起きないと思う。ただ，何らかの理由で経営理念・使命感を見失ってしまったり，役員・従業員の社会常識がずれてしまったり，そもそも知識不足から発生するコンプライアンス違反もあるであろう。

⑶ 企業におけるコンプライアンス対策

上場企業であれば，コンプライアンス規程を整備し，社外から広く弁護士や企業経営者，有識者を招いてコンプライアンス委員会なるものを設置して法令遵守の定期的確認やコンプライアンスに関する教育研修・啓蒙活動などを実施している場合が多い。

しかし，中堅中小企業では，コンプライアンス委員会を設置している企業は多くない。顧問税理士が会計や粉飾についてのお目付け役になるか，顧問弁護士が法令遵守の番人になれるかどうかである。しかし，実際には意思決定を行っている場に立ち会っていないとコンプライアンス違反を防ぐことは困難である。

われわれ経営コンサルタントは経営会議の場に出席することが多いため，コンプライアンス違反を行わないように監視をしていかなければならないと認識している。外部の客観的な意見は業界に染まりきった組織風土とは違った感覚を持っているからだ。

　同じような立場として顧問弁護士に経営会議に出席してもらっている事例も
ある。経営のことはよくわからなくても，企業内で起こってしまっている過労
事故や，工場の近隣住民対応，消費者からの苦情対応などでアドバイスを頂い
ており，非常に効果がある。

⚡ エクササイズ7

　Q1．自分が，一生のうちでやってはいけないと思うことをリストアップせよ。

例：殺人，放火，泥棒，人をだます，嘘，暴力，いじめ，粉飾，借金の踏み倒し，無銭飲食等

　Q2．企業の実務においても，やってはいけないと多くの人が思っているこ
　　　とをやってしまう人がいる。なぜ，やってはいけないとわかっているの
　　　に，やってしまうのか？

やってはいけないこと	なぜやってしまうのか？
建築偽装	
産地偽装	
脱税	
セクハラ・パワハラ	
その他	

　やってはいけないとわかっていながらやってしまうのは，何らかの原因に
よって，冷静さを失い，判断基準が誤ってしまっている危険性がある。

　判断基準を誤ることがないように，冷静な判断を下すためには，①一晩よく考えてから結論を出す，②客観的な第三者の意見を参考にする，等がある。

　また，常日頃から論語等に親しみ，自らの倫理観・道徳観を見つめ直すしかない。

　筆者は「捨て去るべき気持ち」を図表1－5－2のようにリストアップし，自らを戒めたいと思い，少なくとも年に一度は見直すようにしている。

図表1－5－2 捨て去るべき気持ち

> 恐怖，強欲，狭量，利己主義，怒り，憎しみ，嫉妬心，短気，偽り，不誠実，虚栄心，無慈悲，不正，かげ口，背信，復讐，優柔不断

コラム　　横　領

　コンサルティング先企業の経理部長が，会社の金を横領した。中途で入社した経理部長が使途不明な資金を勝手に引き出しているのを不審に思ったベテラン女性経理担当者が社長に知らせて判明したのだ。また，金庫に入っている現金にも手をつけたようだ。弁護士立ち会いのもと，本人に問いただしてみると「お借りして返そうと思っていた」とあっさりと白状した。何と金の先物取引に手を出して多額の損失を抱え込んでいたようだ。しかも，今回が初めてではなく，前職でも同様に会社のお金を勝手に使い込んで懲戒解雇されていた事実が判明した。話を聞いてみると，他にも会社を設立しては借金を踏み倒したりしていたようで，いわゆる「踏み倒しのプロ：確信犯」であることがわかった。すぐに金の先物取引を解約させて一部を回収した。刑事事件にして罪を償わせてもお金が戻ってこなければ意味がないので，残金については毎月少しずつ回収し，5年経過した時点で残金全額を振り込んできたので，何とか全額を回収することができた。

　公認会計士時代には，「人間は誰も，チェックをしていない状況下に置かれると何をするかわからないので，内部統制が必要である」，と学んだ。その考え方は，基本的には性善説であった。しかし，今回の事件を機に，「残念ながら悪意を持っている人間もいることを忘れてはならない，完全に信用しきってはいけない」と思った。

　さまざまな企業で「現金の不正流用」は発生する。特に，日々現金を取り扱っている「小売業」はレジでの釣銭のごまかしが非常に多い。つまり，現金を毎日扱い，「誰も見ていない」という状態があると人間は誰しも「魔」がさしてしまう，ということだ。実際，先述の経理部長も，当初は社長の隣に席があったのだが，配置換えを行い，目が届かなくなった直後に金庫の現金に手をつけ，会社のパソコンで業務時間中に金の先物取引をしていたのだ。

　残念なことではあるが，「監視しているから，おかしなことを行うとすぐにばれるよ」ということを強烈にアピールして事前防止をするしかないであろう。

第2章
環境変化への対応

いかなる経営環境下でも自社を継続的に成長させる

① 経営環境変化と今後10年間の予測

要　点 ....

☑　グローバル化は経済の広域化と世界の経済の緊密化である。

☑　環境変化を勝ち切るにはマクロ環境分析が有効である。

☑　これまでの変化を振り返るだけでなく，今後10年間の予測をする。

☑　環境変化から機会（チャンス）と脅威（リスク）を見つける。

....

　10年前と今を比較してみると，世の中はものすごいスピードで変化している。しかし，意識しないと気づかずにいることが多い。世の中の変化は私たちにとってチャンスにもなるし，リスクにもなる。なぜかリスクはすぐに思い浮かぶ。意識して機会・チャンスをこの手に掴まなければならない。逆に，リスクヘッジの手段を考えると，これはソリューションの提案になる。

　たとえば，為替が円安になると何を思い浮かべるだろうか？

しかし，視点を変えれば次のこともいえる。

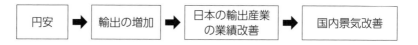

または，次のようなことも考えられる。

　このように，「円安」という1つの事象はマイナスにも捉えられるし，見方を変えればプラス要因にもなる。コインの裏表なのだ。

「風が吹けばおけ屋がもうかる」方式の考え方だが，これからどうなるか？ということを想像・予測することは楽しいものである。世の中の変化に敏感になり，今後どうなるかを考えて対応していくことが求められている。

世の中の変化の大きなキーワードは「グローバル化」であろう。では「グローバル化」とはどのようなことで，何をもたらすのだろうか？

(1)　グローバル化とは何か

グローバル化は産業・企業に大きな変化をもたらした。われわれはグローバル競争時代で正しく生き残らなければならない。すべての企業が「サバイバル」をかけて懸命に考えている。「何に勝つのか？」と問われれば，「競合ではなく，環境に対してであり，己に打ち勝つことである」と答えるであろう。

グローバル化の背景には，「世界市場のボーダレス化」と「IT革命の進展」の2つがある。

①　世界市場のボーダレス化

1989年にベルリンの壁が崩壊し，米ソ東西冷戦終結宣言がなされた（マルタ会談）。政治の壁が取り払われると同時に経済の壁も取り払われ，世界市場がボーダレス化した。確かに，東西冷戦が終結したおかげで，われわれは以前よりも頻繁にさまざまな国に観光やビジネスで訪れる機会が増えた。世界がより身近になり，狭くなった。国内企業が海外展開を強化し，海外企業も日本国内に数多く進出してきた。

②　IT革命の進展

1990年代，IT技術とその普及は飛躍的に進んだ。特にインターネット技術の目覚しい進歩と普及は，世界中のあらゆる企業，個人を規模，業種，業態を問わず結びつけた。その結果，仮想商店やコンテンツ配信等，新しいビジネスモデルが生まれた。また，IT空間の中で情報検索が可能となり，われわれの知識・情報入手手段が発達し，コミュニケーションのあり方を変え，生産性は

従来に比べ飛躍的に高まった。

③　グローバル化とは

これらの背景から，グローバル化とは「物理的な運搬・輸送技術と情報通信技術の進歩による経済の広域化」と「国家間の経済関係の緊密化」といえる。

(2)　グローバル化がもたらしたもの

世界市場において分業による企業活動の専門化が進み，技術革新を伴いながら経済成長がもたらされている反面，企業間競争が激しくなった。

①　新しい世界経済ルールの再構築

NAFTA（北米自由貿易協定）経済圏，EU経済圏，アジア・太平洋経済協力会議（APEC），TPP（環太平洋経済連携協定）などの各国・地域ごとの経済協力体制の構築と，製品や規制の標準化が進んでいる。

②　食料・資源の奪い合い

将来の人口変化と発展に伴い，水，米，野菜，魚，肉等の食料の買い占め，奪い合いが始まりつつある。また，石油，石炭，シェールガス，レアメタル等の資源の確保から世界の力関係が変わってくる。

コラム　　コロナ禍を経験して感じたこと

2019年に発生した新型コロナウイルス感染症（COVID-19）が世界中で広まり，緊急事態宣言が各国で出され，外出禁止，移動制限などを初めて経験してから私たちの生活・価値観は大きく変わった。コンサルタントとしての筆者が感じたことは下記のとおりである。

　1．バックアップ体制の構築の重要性：自分自身がコロナに感染し，入

院・死亡するかもしれない。企業においては，社長がコロナに感染した場合に，誰が意思決定をするかを決めておく必要がある。要は，自分自身の後継者をそれぞれの立場の人が決めておくべきである。コンサルタントの代わりはなかなかいないので，コンサルタントは病気になっていられない。自分自身で健康管理を今まで以上にしなくてはならない。

2．どの国も自国第一主義で他国をサポートする余裕はない：コロナでサプライチェーンリスクが浮き彫りになった。リスク回避のため，仕入先や製造拠点，得意先などの分散化が進む。また，SDGsの目的を達成するために，業界を越えた提携が進み，さまざまな業界で再編が進むか？

3．特に中小企業の中期経営計画は抜本的な見直しが必要となった：コロナ禍の売上減少により，大幅な赤字転落から自己資本が毀損し，有利子負債が増加した企業が多い。併せて，さまざまな原料高，円安の影響，大企業の賃金アップによる人手不足から製造コストや販売コストが増加している。値上げと生産性向上による収益構造の改革が求められている。

4．世界的に国の財政が悪化：財源確保のために，税収増加，経費削減が求められるはずである。また，世界的に医療体制の脆弱性があからさまになった。人口当たりの病院数，ベッド数，医師・看護師・介護福祉士・保育士等まったく足りていない。逆に人員過剰な業界もありアンバランスなので，人員のシフトが必要であろう。日本国内では，都道府県のバラツキも顕著になった。

5．一般消費者の健康意識がさらに高まった：予防医療と健康経営×AIが進む。日々の体重・血圧・脈拍数・熱・歩数等のデータ把握と多頻度かつ簡便な血液検査の実施などが普及する。位置情報によりソーシャル・ディスタンスが常態化する⇔監視社会（プライバシーの保護）。運動・体操・散歩・スポーツの頻度・時間が増える。

6．働き方の多様化が進む：テレワーク，副業が増加する。通勤時間・移動時間が減少し，シェアオフィスやweb会議は当たり前になった。研修や学校の授業のオンライン化やサブスクリプションの増加は，個人の生産性を上げるための取組みの強化につながる。

(3) 企業環境変化を勝ち切る

　企業環境の変化は，上述のように日本国内にとどまらず，世界的な視点で人口構成・年齢構成の変化，生活水準の高度化と価値観の多様化，経済のサービス化，循環型社会の到来等幅広く着目しなければならない。また，GDPについても米国，EU各国，中国，インド，東南アジア諸国，ロシア等の国の推移も把握しておきたい。

　経営環境変化の分析手法としてオーソドックスなものに，図表2－1－1に示したマクロ環境分析がある。

図表2－1－1 マクロ環境分析標準フォーマット

環境要因	〔変化の事実・現象〕 視　点
①経済的領域	〔GDP，産業構造変化，貯蓄動向，設備投資動向，物価水準，金利，株価水準，為替，失業率等〕
	企業の価値連鎖の構造に大きな影響を与える
②政治的領域	〔経済政策，法令・条例等〕
	業界のルールそのものを変える可能性
③人口動態・労働領域	〔人口構成・所得水準の変化，福利厚生，退職金，採用等〕
	市場の需要・生産構造に大きな影響を与える 教育水準，治安
④消費構造領域	〔ライフスタイル，価値観の変化，消費意識の動向等〕
	市場の需要構造に大きな影響を与える 流行，世論
⑤技術・テクノロジー領域	〔生産技術，新素材，製品技術，研究開発等〕
	業界の競争構造を変える可能性

| ⑥資源的領域 | 〔エネルギーの利用可能性，資源再利用，生産国の動向等〕 |
| | 生産構造，各国の力関係に大きな影響を与える |

　要因の区別にあまりこだわる必要はない。まずは幅広く，業界に関係なく，数多くの変化を認識することである。

　図表2-1-2は，筆者が実際のコンサルティングで使用しているPEST分析のフォーマットである。環境要因をシンプルに政治的領域（Politics），経済的領域（Economy），人口動態・労働領域（Social），技術・テクノロジー領域（Technology）の4つに分類して，頭文字をとってPEST分析と呼ばれている。半年に一度くらいの頻度でブラッシュ・アップしていくとよい。

図表2-1-2 PEST分析

環境要因	変化の事実・現象	
	全世界	日本国内
①政治的領域（Politics）（経済政策，法令・条例等）	①アメリカ：不透明な政権・政策，同盟国重視の民主党バイデン政権　社会の分断，人種差別問題，中国の脅威への対応	①岸田政権による新資本主義，新型コロナウイルス対策，旧統一教会問題
	②中国：習近平3期目，一帯一路，中国製造2025，国家安全維持法（香港）	②デジタル田園都市国家構想：地方のデジタル化，スマートシティ
	③SDGs，EU：カーボンプライシング（国境炭素税）	③イノベーション強化：オープンイノベーション投資促進税制
	④韓国：保守党の尹政権，日韓対立問題の行方	④カーボンニュートラル：クリーンエネルギー政策
	⑤北朝鮮：核保有国宣言，核ミサイル実験，南北共同連絡事務所爆破	⑤社会保障費抑制・酒タバコ増税
	⑥ロシア：ウクライナ侵攻〜世界から孤立，北方領土問題	⑥格差解消政策が進むか？
	⑦EVシフト加速（仏英・2040年ガソリン・ディーゼル車全面禁止）　EUの2035年までのEV法案の方針変更	⑦国土強靭化：Society5.0
	⑧アメリカ軍のアフガニスタン撤退⇒タリバン政権へ	⑧SDGs
	⑨ミャンマー軍事政権樹立と孤立化	⑨ウクライナ支援・ロシア制裁強化の長期化
	⑩ドイツ・英国首相，フィリピン大統領交代	⑩経済安全保障推進（エネルギー・資源・食料などの安定供給を確保）
		⑪インボイス制度，電子帳簿保存法

②経済的領域（Economy）（GDP、産業構造変化、設備投資動向、物価水準、金利・株式為替、失業率など）	①ロシア制裁強化：原油・小麦・鉄等、素材の価格上昇	①新型コロナウイルス　5類へ
	②コロナ禍における世界的な観光業・運輸業の業績悪化	②家計貯蓄：2,000兆円へ増加
	③コロナ禍におけるサプライチェーンの見直し	③第4次産業革命：IoT，ビッグデータ，AI，RPA，暗号資産，NFT，ブロックチェーン＋CX（コーポレート・トランスフォーメーション）
	④中国不動産バブル崩壊，過剰債務，ゼロコロナ政策リスクの影響	
	⑤世界債務残高膨張（2021年303兆ドル）	④半導体不足
	⑥米国インフレ…旺盛な需要，労働力逼迫，賃金上昇，利上げ	⑤物流業界2024年問題
	⑦新興国…インフレ，スタグフレーション，ワクチン接種率低位，政情不安	⑥マイナス金利政策継続
	⑧SDGs，CSV経営，ESG投資	⑦2025年大阪万博開催
	⑨第4次産業革命：IoT，ビッグデータ，AI，RPA，暗号資産，NFT，ブロックチェーン＋CX（コーポレート・トランスフォーメーション）	⑧インバウンド消費の増加，海外旅行の増加
		⑨エネルギーの分散化・小型化
		⑩2027年リニア開通
		⑪原油，天然ガス等のエネルギー価格高騰と円安，生活物資の値上がり
③人口動態・労働領域（Social）（人口構成・所得水準の変化、福利厚生、退職金、採用等、価値観の変化、消費構造領域（ライフスタイル、消費意識の動向等）	①発展途上地域の人口の爆発的増加（世界80億人⇒90億人へ）	①働き方改革による労働生産性の改善，在宅勤務，ソロワーカー
	②インターネットで消費する頻度・金額がますます増加	②同一労働同一賃金・長時間労働規制・ワークライフバランス
	③ソーシャルメディアの拡大・フェイクニュースの脅威	③パワハラ，マタハラ，パタハラ，LBGT，多種多様な人材への対応
	④OMO(デジタルとリアルの融合)，UX（ユーザー・エクスペアレンス）	④女性の就労環境改善が進む，在宅勤務，副業・兼業推進
	⑤シェアリングエコノミーの台頭：「所有」から「利用」へ	⑤非婚化・晩婚化→少子高齢化・労働生産人口減少
	⑥フィンテック推進・C to Cビジネス増加	⑥格差拡大…世代間格差，性別格差，エリア別格差等二極化，Z世代
	⑦モバイル決済，キャッシュレス社会，無人店舗	⑦東京一極集中化と地方の過疎化
	⑧CASE，MAAS	⑧人生100年時代の〇〇
	⑨ニューノーマル時代の到来，オンライン会議の常態化	⑨STEM教育，リカレント教育，リスキリング
	⑩企業におけるTCFD（気候関連財務情報開示タスクフォース）対応	⑩社会保障（年金・医療・介護）問題
		⑪春闘満額回答，初任給の引き上げ

④ 製品技術・研究開発等）資源の領域（エネルギーの利用可能性・新素材・資源再利用，生産国の動向等） 技術・テクノロジー領域（Technology）（生産技術・	①地球温暖化対策技術の多様化と発展	①再生可能エネルギーの実現：水素・太陽光等多様化
	②大気汚染・水質汚染・土壌汚染・感染症拡大→克服技術	②ロボット技術の高度化と実用化⇒自動化が進む
	③顔認証システム，音声認証技術，画像認証技術等自動識別化が進む	③再生医療…遺伝子治療分野の研究開発が進む
	④宇宙開発分野の小型化・高機能化・高信頼性化	④炭素繊維の実用化
	⑤IOTネットワークの広がり，Web3.0（脱中央集権型，ブロックチェーン）	⑤5G，6G，VR，AR技術によるビジネスの拡大，メタバース，スマートコントラクト
	⑥自動運転技術の発達，コネクテッドカーの標準装備	⑥脱炭素・低炭素化技術
	⑦DX(デジタルトランスフォーメーション)	⑦脱プラスチック
	⑧5G，6G，VR，AR技術による仮想空間を活用したビジネスの拡大，メタバース	⑧スマートシティ（トヨタによる実験都市「ウーブン・シティ」）
	⑨人工知能（AI）による自動通訳，ChatGPTのリリース	⑨全固体電池の開発競争
	⑩ドローン宅配	⑩急速なMA，SFAへのAI活用
	⑪蓄電池システム	

　経営環境の変化をリストアップしたら，次に重要なことは，その変化が「私たち，当社にどのような影響を与えるか？」を想像することだ。そのとき，チャンスとなりえることと，リスクとなることをいかに数多く列挙し，チャンスをものにして，リスクに備えるかが企業の永続には非常に重要である。すべての人に同じように，常に経営環境は変わっている。その変化に敏感か，鈍感か？　チャンスを探す努力をしているか？　リスクを感じて早めに対処する・避ける方策を備えているか？　環境変化に敏感な経営者・経営幹部が多いほうが生き残る可能性が高いことはいうまでもない。

コラム　　新しいチャンスの見つけ方

　PEST分析を実施していると，実際にチャンスとリスクが抽出されてくるが，残念ながら新しいチャンスは見つけられないことが多い。おそらく，現在すでに起きている変化の事実・現象に着目しているから，現状の延長線上の思考にとどまってしまうのであろう。そこで，下記のようなポジショニング・シートを使って私たち個人個人のニーズ・ウォンツをブレーンストーミングで数多く出してもらっている。

精神的・
知的好奇心

知らないことを知りたい（情報）　　　　　認知症になりたくない
自分をもっと知ってもらいたい　　　　　　嫌いな人・知らない人と関わりたくない
認めてもらいたい　　　　　　　　　　　　サイバーテロ対策
世界中の多くの人とつながりたい・　　　　プライバシーは保護してほしい
共感したい　　　　　　　　　　　　　　　監視社会への嫌悪

ワクワク感　　　　　　　　　　　　　　　　　　　　　　　　平穏な生活
チャレンジ ──────────────────── 癒し・安らぎ
サプライズ　　　　　　　　　　　　　　　　　　　　　　　　安定感

　　行ったことがない場所に行きたい　　　　通勤ラッシュ・都会の混雑から
　　自然・歴史・海外文化・風習体験　　　　解放されたい
　　新しい食べ物を食べてみたい　　　　　　安全に暮らしたい（治安のよさ）
　　もっと新しい運動をしてみたい　　　　　自然災害から身を守りたい
　　スポーツを楽しみたい　　　　　　　　　清潔・快適な衣食住で暮らしたい
　　新しい職業を体験してみたい　　　　　　健康な生活を送りたい

身体的・
体感・体験

　これらのニーズ・ウォンツを満たすところに新しいビジネスのヒントがあると思う。

⑷　10年後の世界の予測

　現状の延長線上の発想ではない新しい成長分野を見つけるには，思い切って10年後の世界がどうなっているかを想像してみるとよい。

　図表2－1－3は筆者が実際に使用しているテーマと視点である。

　これらを考えていると，意外と成長分野が見つかり新規事業や新製品開発に役立つヒントが得られることが多い。

図表2－1－3 10年後の世界の予測

テーマ	視点例
自然災害（異常気象・地震・集中豪雨・大雪等，防災・予知，温暖化対策等）	・今よりも長期かつピンポイントの場所の天気予報ができたら私たちの生活はどのように変わるだろうか？　例：スポーツ大会や野外イベント開催日，スーパーで販売される食品，農業の収穫時期 ・そもそも台風を弱めることはできないか？　人工的に雨を降らすことは可能。海面温度を下げることはできないか？　台風のエネルギーを電力に変換し，台風勢力を弱めながら，蓄電できないか？ ・地震予知の精度を高められないか？　地震のエネルギーを電力に変換できないか？ ・ハザードマップにより，水害リスクが高い場所は全国的に明確になっている。リスク軽減ができないか？
日本の教育（理系vs文系，画一的vs個別指導，少子化＆義務教育の無償化，生涯教育等）	・現在のような画一的な教育でよいのだろうか？　英語に膨大な時間とエネルギーをかける必要があるか？（自動翻訳の時代） ・知識を習得するだけなら，インターネットで十分に知ることができる。学校で本当に教えるべきことは何だろうか？ ・入学するのが大変で，入ってから勉強しなくても卒業できる大学に意味があるか？　4年間がムダではないか？　海外の大学のように入学のハードルを下げて，4年間しっかりと勉強と研究をして卒業することが難しいほうがいいのではないか？ ・STEM人財（Science（科学），Technology（技術），Engineering（工学），Mathematics（数学））の育成が必要？ ・豊かな人生を送るために，社会人になってからも学び続けていくほうがいいのではないか？

医療（再生医療＆遺伝子治療，予防＆未病，感染症対策，介護＆認知症，地域包括ケアシステム等）	・ガンは早期発見で死なない病気になりつつある。再生医療で事故が起きても蘇生する時代が来る。人間は死ななくなるか？ ・健康志向の高まりから予防することで医療費を抑えられないか？　ITの進化によって，日々の体温・脈拍・血糖値・体重・体脂肪率を自動計測できる。 ・感染症の予防対策がより進化する。マンション・ホテル・温泉旅館も療養施設機能が求められるか？ ・恐ろしいのは，認知症か？　体が健康でも，脳が侵されると大変だ。認知症予防が重要となる。 ・高齢化時代が到来し，現在の脆弱な介護・看護・医療体制では到底対応できない。特に地方の病院・介護施設ほど深刻な人手不足になる。地域包括ケアシステム・遠隔医療・介護ロボットが必要だ。
人口（世界は増加，日本国内は減少＆東京一極集中vs地方の過疎化）	・2019年から2050年にかけ，最も大幅な人口増加が起きると見られるのはインド，ナイジェリア，パキスタン，コンゴ，エチオピア，タンザニア，インドネシア，エジプト，米国（予測される人口増が多い順）の9ヵ国。インドは2027年頃，中国を抜いて世界で最も人口が多い国になる。（インドの根強いカースト制度，激しい貧富の差はどうなるか？） ・人口減少に，欧州・米国は移民を受け入れて対応してきた。今後はどうするか？　また，日本の移民政策は？　日本国民とは何か？　日本で生まれた人か？ ・東京一極集中＆地方の過疎化は緩和されるか？　地方移住・交流人口・関係人口の増加？　ワーケーションは定着するか？
エネルギー政策（再生＆クリーンエネルギー：太陽光・風力・地熱・水素・蓄電池技術，スマートシティ，光エネルギー等）	・RE100「Renewable Energy 100％」：企業が自らの事業の使用電力を100％再エネで賄うことを目指す国際的なイニシアティブ ・日本は電力需要の1.8倍の再エネ供給力を持つ潜在的再エネ大国だが，実力を十分に発揮できていない？ ・日本は化石燃料に8割依存し，化石燃料の輸入に年間19兆円支払っている。 ・資金の流れを「海外へ流出」から「地域内を循環」へできないか？
宇宙開発（宇宙旅行，新資源探索，技術の応用，宇宙食等）	・官から民へ〜リサイクルロケット→宇宙旅行が現実味を帯びてきた。地上での無重力体験，宇宙食体験など。 ・人工流れ星 ・宇宙エレベーター構想，アルテミス計画 ・宇宙ゴミ問題 ・人工衛星の活用〜ビジネスモデル化：人工衛星で太陽光発電〜非接触送電で地球へ

| コラム | トレンドシート |

「経営環境の変化に敏感になりたい」というコンサルティング先企業では，経営幹部（社長含む）と一緒に下記の「トレンドシート」の作成と共有化をよく行っている。

【トレンドシート】（書き方）

項 目	タイトル
変化の事実	ジャンルを問わず，身の回りで気になった変化の事実を１つ挙げる。
事実の情報源	新聞，TVニュース，インターネット，現場，その他具体的に。
気になった理由・背景	なぜ，気になったのか？
今後の予測	今後，どのように変化するか？ どこで何が起きるか？　より具体的に。
私たちの生活，企業活動に与える影響	私たちの生活，企業活動にどのような影響を与えるか？　具体的であればあるほどよい。

【トレンドシート】（例）

項 目	ディープフェイクの恐ろしさ
変化の事実	AIによる画像合成技術や，音声をクローン化する技術が高度化し，偽のニュースがインターネット上で拡散している。
事実の情報源	テレビの情報番組，インターネットニュースなどで散見された。
気になった理由・背景	われわれは毎日ネットのニュースを見ているし，若い世代はテレビよりもネットの情報を信じている。これらの偽の情報が一瞬で世界に拡散することは非常に怖いことである。
今後の予測	さらに巧妙なディープフェイクが出現し，政治的に利用される。 ディープフェイクに対する世界的な規制強化（イタチごっこかも）。 ネットニュースの信憑性を確認する機関の設立。

私たちの生活，企業活動に与える影響	FactFindingsの重要性がより一層高まる。ネットを通した情報ではなく，リアルな現場で五感を使って得た情報が信用される。 すぐに鵜呑みにするのではなく，本当かどうか，まずは疑ってみる必要がある。

エクササイズ1　経営環境変化を勝ち切る

　変化の事実を数多く列挙し，それが今後どうなるのか，自社に与える影響について考えよ。

変化の事実	今後どうなるか？	自社に与える影響
例：和食の無形文化遺産登録	和食ブームの広がり	和菓子の人気復活

(5)　リスクマネジメント

　企業経営を継続的に行っていく上では，さまざまなリスクに向き合っていかなければならない。ここで「リスク」とは，経営ビジョンの達成に影響を与える不確実性をいう。リスクを回避する，または重大問題が発生したときにどう対処するか？　あらかじめリスクを網羅的に列挙して，対応策を検討しておく

必要がある。

図表2−1−4 リスク（例）

- 為替変動リスク：円高の場合，輸出では売上高に影響，輸入では仕入に影響する（円安の場合は逆）。
- 特定の仕入先への依存度が高い：仕入先の経営が傾いたら，製品・サービスの提供に支障をきたす。
- 特定の得意先への依存度が高い：得意先の戦略が変更になり，取引先を変更したら，売上高に影響を及ぼす。
- 特定の地域の工場への依存度が高い：特定地域における自然災害により工場稼働が影響を受ける。
- 経営者が高齢で後継者がいない：経営者が不在となり，組織マネジメントの意思決定に重大な支障をきたす。
- 原料価格高騰リスク：原油価格や需要と供給の関係によって原料価格が高くなりコスト増となる。
- 災害や感染症に関するリスク：地震，台風，大雪，猛暑等の異常気象やインフルエンザ，ノロウイルス等の感染症によって経営を継続できなくなるリスクまたは売上高にマイナスの影響を及ぼすリスクがある。
- 商品に欠陥があった場合，対象商品を明確にし，リコール（商品回収）を速やかに行わなければならない。
- 従業員の管理不徹底で顧客情報が流出するリスク。

エクササイズ2

Q1．自社の会社経営において考えられるリスクを可能な限り数多く列挙せよ。

例）サプライチェーンリスク：自然災害，感染症，環境・人権問題，紛争・貿易摩擦などで製品供給が滞る。

Q2．そのリスクはどれくらいの頻度で発生する可能性が高いか？　また，リスクが発生した場合，どれくらいの損失を被るか見積もってみよ。

リスク	発生頻度	損失金額見込

Q3．リスクの優先順位をつけて，準備しておくべき対処方法を考えてみよ。

優先順位	リスク	対処方法
高	例）サプライチェーンリスク	重要製品選定とBCPマニュアルの整備，訓練の実施など
中		
低		

2 己のスペシャリティは何か

要 点 ....

☑ 企業で働く個人個人の強みと弱みを把握し，共有化する。

☑ チェックリスト分析は企業としての強み・弱みを発見するのに有効。

☑ 数多くの強みを列挙したら，VRIOの視点で真の強みを絞り込む。

....

　企業を継続的に成長させていくためには，実行する組織を成長させていかなければならない。

　一緒に働いている仲間（従業員）の持っている経験・ノウハウ・能力を私たちはどれだけ把握しているだろうか？　共有化しているだろうか？　自分だけが知っている自分のスペシャリティも公開し，他人が見た自分の強みを認識して共有化すれば，組織はますます強固なものになっていくであろう。

(1) 個人個人の強みと弱みの把握と共有化

　経営者および経営幹部に限らず，人はそれぞれ長所もあれば短所もある。強みもあれば弱みもある。もちろん，弱みを克服する，短所をなくすことも重要であるが，もう1つの視点は長所・強みを伸ばしていくことである。とかく，

欠点ばかりが目につくが，皆良い点もあるはずである。「誰々は○○しかできない」という言い方を改めて，「誰々は○○ならできる」に変えていくと組織風土がプラス思考に変わっていく。

個人のスペシャリティの例を下記に示す。

① 提案力：相手に幅広い選択肢を与えられる。

② 分析力：事実に基づいた的確な分析による仮説設定ができる。

③ 人間的魅力：ライバルには提供できない専門性，価値ある経験からくる対応の柔軟性がある。

④ 実行力：フットワークが軽く，利便性（ロケーション，豊富な在庫，配達の早さなど）を提供できる。

⑤ コンサルティング能力：わかりやすく，的確なアドバイスや補助ができる。

⑥ 製品・サービスの最高級の品質を提供できる。

⑦ 相手にとって特別（オリジナル）な各種サービスを提供できる。

⑧ 長期的なアフターケア，または広範囲にわたるアフターサービスを提供できる。

⑨ 大幅なディスカウントをする価格決定権がある。

⑩ 人的ネットワーク：困ったときに頼れる力強い味方がいっぱいいる。

いくつかのスペシャリティがリストアップされたら，特に，その人が突出しているスペシャリティを明確にして，図表2－2－1のようにマッピングしてみるとよい。

個人のスペシャリティを明確にしたら，それを活用する基本戦略として，下記がある。

① スペシャリティを提供する対象をニッチなニーズに絞る。

② 特定のスペシャリティをさらに伸ばす。

③ いくつかのスペシャリティ（または他の人のスペシャリティ）を掛け合わせて新しいスペシャリティを開発する。

④ 正反対のスペシャリティを打ち出す。

⑤ スペシャリティを発揮できる顧客のニーズを創造する。

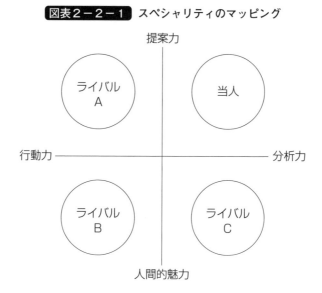

図表2-2-1 スペシャリティのマッピング

⚒ エクササイズ3　己のスペシャリティは何か？

　自分の強み・弱みをできるだけ数多く列挙してみよ。

項　目	強　み	弱　み
1．過去の経歴・経験		
2．学生時代に力を入れていたこと		
3．好きなこと・趣味		
4．持っている資格		
5．その他		

　自分では自分の強みに気がつかないことがある。そういうときは，他人に聞いてみるとよい。

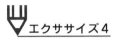

エクササイズ4

　他の従業員の強み・すごいところ・尊敬すべき点について，1人につき必ず3つ以上，列挙せよ。

○○氏の強み・すごいところ・尊敬すべき点
・
・
・

○○氏の強み・すごいところ・尊敬すべき点
・
・
・

○○氏の強み・すごいところ・尊敬すべき点
・
・
・

図表2－2－2 長所・すごいと思う点・尊敬している点・強みと思う点（例）

氏名	長所・すごいと思う点・尊敬している点・良い点・強みと思う点
Aさん	存在そのものが安心できる。一生懸命，弱音をはかない（見たことがない）。まじめ，根性，包容力。 仕事が忙しくても元気。話しやすい。表裏がない。健康。打たれ強い。
Bさん	素直に指示を受け止め実行するところ。文書のまとめ方がうまいところ。計算が早い。力の強弱をつけるのがうまい。 几帳面。とても素直に人の意見を聞く。時間管理ができている。善悪が明確である。きっちりしている。気づかいがある。
Cさん	ゆるぎない自信。教え上手。ぶれない考え。計算が早い。記憶力が良い。指示が明確。説得力がある。笑顔が素敵。 頼りがいがある。真因の洞察力（市場・商品・開発）。段取り力，正確な計算力，交渉力がある。 観察力がある。判断力がある。芯がある。頭の回転が速い。冷静沈着な判断力。公私ともに面倒見が良い。
Dさん	探究心が強い。洞察力がある。勝つことに執着するところ。声が通る。英語ができる。理論武装がすごい。気づかいがある。 説得力がある。理論派である。頭の回転が速い。聞き上手。頭が良い。執着心がある。
Eさん	根に持たない。切替が早い。社交性がある。気が利く。どんな相手にも動じない。行動力がある。発想力がある。 存在感がある。感即動。目の付け所が違う。面倒見が良い。気づきが多い。執着力がある。 好奇心が強い。直進力がある。交渉力がある。

コラム　　　タレントマネジメント

　一緒に働いている仲間のことを意外と知らないことが多くある。近年は個人のプライバシーを尊重しているのでストレートに聞きにくいが，本人の同意を得た上で開示してくれると，知らなかった能力が発見できることがある。筆者は企業内研修では，受講生同士の強み・弱みを把握するため，下記の「自己の棚卸」を記載していただき，全員で共有化をするようにしている。

　己を見つめ直す。平成から現在までにご自身が経験したこと，習得したスキル等を振り返って記入してください。

西暦	元号	日本首相	米国大統領	景気・経済・事件他		主な出来事・キャリア・スキル習得等
1989	H1	宇野宗佑	プッシュ（共和党）	バブル	消費税導入	ダブルスクール
1990	H2	海部俊樹		円高135円	湾岸戦争	公認会計士2次試験合格〜アメリカ横断旅行〜KPMG入所
1991	H3			円高125円	ソ連崩壊	会計監査・新規採用
1992	H4			バブル崩壊		会計監査・インド旅行
1993	H5	宮澤喜一	クリントン（民主党）	円高112円	EU統合	公開支援・エジプト旅行
1994	H6	細川・羽田		円高99円	阪神・淡路大震災	現場責任者・トルコ旅行
1995	H7	村山富市			地下鉄サリン事件	公認会計士3次試験合格〜香港旅行
1996	H8	橋本龍太郎				日本生産性本部　経営コンサルタント養成講座受講
1997	H9				アジア通貨危機	日本生産性本部　ジュニアコンサルタント・タイ旅行
1998	H10	小渕恵三		平成不況		ジュニアコンサルタント・実習サブインストラクター
1999	H11				ゼロ金利	日本生産性本部　シニアコンサルタント・結婚
2000	H12	森　喜朗				資金繰り支援コンサルティング・企業再生
2001	H13	小泉純一郎	プッシュ（共和党）		米国同時多発テロ	『まるかじり決算書』（共著）上梓
2002	H14					
2003	H15					『企業再生のための経営改善計画の立て方』（共著）上梓
2004	H16			イラク戦争		
2005	H17			不況脱出		
2006	H18			景気回復（都市部）		『生産性向上のための経営計画の進め方』上梓
2007	H19	安倍晋三		サブプライム		『銀行と「いい関係」を築く法』（共著）上梓
2008	H20	福田康夫		世界金融恐慌・リーマンショック：9月		

2009	H21	麻生太郎		ドバイショック	政権交代	
2010	H22	鳩山由紀夫			金融円滑化	上級管理者マネジメント研修開始
2011	H23	菅　直人		3.11東日本大震災	EU危機：75円	
2012	H24	野田佳彦		領土問題	中国反日デモ	
2013	H25		オバマ（民主党）	アベノミクス	株価回復・円安傾向	
2014	H26			消費税8％	原油安120円	『経営の基本』『営業マネジメント』（共著）上梓
2015	H27			ISパリ同時テロ	インバウンド	中小企業診断士コース開始
2016	H28	安倍晋三		英EU離脱	マイナス金利	企業内アクションラーニング研修開始
2017	H29			移民問題	第4次産業革命	成長戦略作成支援コンサルティング
2018	H30		トランプ（共和党）	北朝鮮核開発	MAAS,CASE	
2019	R1			消費税10％	異常気象・台風	取締役・執行役員コース開始
2020	R2				Go To	オンライン新入社員研修等、オンライン研修開始
2021	R3	菅　義偉	バイデン（民主党）	新型コロナウイルス	東京オリ・パラ	オンライン・ケーススタディ研修開始
2022	R4	岸田文雄			ロシア・ウクライナ侵攻　安倍元首相襲撃	『Business Basic Note』上梓

あなたにとって，この領域の仕事は「任せて」と言えるような仕事はどんな仕事ですか？
同じ職種の人や周囲の人と比べて「相当な量をやっている」と思える仕事は何ですか？
ついつい引き受けてしまう役割はありますか？
すでにお金と地位があったとして，それでもやり続けたい，「見返りなしで取れる行動」は何ですか？

(2)　企業としての強み・弱み

　企業は個人の集合体ではあるが，組織構成員の強み・弱みがそのまま企業の強み・弱みとなっているわけではない。これまでに積み重ねられてきた信頼や技術，仕組み，組織風土などを分析し，伸ばしていくべき強みと克服すべき弱みを明らかにする必要がある。

　企業としての強み・弱みを明らかにするためのツールとして，図表2－2－

3のような「経営機能チェックリスト」が有効である。

図表２－２－３　経営機能チェックリストによる強み・弱み分析

項　目	要　素	検討事項の内容	評価
経営者の個人的属性	価値観	社会観，企業観，人間観，人生観	
	能力	体力，知識経験，問題発見・形成・解決力	
	リーダーシップ	人間的魅力，実行力，先見性，創造性	
	信用力	地域社会信用，業界信用，労使間信用，個人資産	
経営理念	社是・社訓	顧客・株主・社会・仕入先・従業員・環境に対する考え方	
	企業目的		
	行動指針		
経営ビジョン	自社の特色	将来ありたい姿のイメージ，競合先との差別化要素	
経営戦略	環境変化対応	機会と脅威への対応，競合先	
	一貫性・バランス	連続性，革新性，中長期的視点	
	具体性	自社能力の的確な把握，実現可能性	
	組織への浸透度	参画度合い，納得性，コミュニケーション	
経営トップ層	役員構成	経歴，組織体制	
	意思決定機関	会議体制，意思決定ツール，情報共有度，権限委譲	
	後継者	経歴，年齢，資質	
事業展開	成長性	積極拡大，漸進的拡大	
	製品・市場	専業・多角化，新製品開発，新市場開拓	
	業界の関わり	協調路線，一匹狼路線	
	エリア	全国展開，地域限定	
営業・販売機能	販売政策	商品政策，チャネル政策，価格政策，プロモーション政策	
	得意先編成	規模，取引年数，得意先数，要求事項，信頼度，シェア	
	組織的販売力	御用聞き・提案営業，専門知識，経験，人数，エリアカバー	
	新市場開拓力	市場調査力，新規開拓力	
	営業管理	行動進捗管理，販売実績管理，業績評価	

項　目	要　素	検討事項の内容	評価
生産機能	生産設備	設備の機能，生産能力（キャパシティー），老朽化	
	設備利用度	稼働率，操業度	
	生産技術	設計，加工・組立，検査，保全，コストダウン	
	管理技術	工程管理，品質管理，原価管理，資材管理	
	外注管理	技術レベル，年齢構成，地域分布，当社依存度	
	購買管理	調達力，新規仕入先開拓力，仕入先の生産能力	
	生産性	工場別・ライン別・製品別生産性	
開発機能	ノウハウ	要素開発，製品開発，自社・提携先ノウハウ	
	開発投資力	開発費，開発年月，進捗管理	
	研究施設	研究設備，研究機器	
	マンパワー	専門家，資格保有者，外部提携機関	
人的能力	要員確保	採用計画，要員補充度，定着率	
	人員体制	年齢，学歴，勤続年数	
	賃金水準	年齢別，等級別，業界比較，地域比較	
	組織活性化	QCサークル，目標管理，自発性，モチベーション	
	人材育成	社内外研修制度，OJTの仕組み	

(3)　VRIOの視点

　強み・弱みを評価する際の視点としてVRIO（ブリオ）がある。

　VRIOとはValue（価値），Rareness（希少性），Imitability（模倣可能性），Organization（組織）の4つの要素であり，企業の強みをこの4つの視点で再検討すると，本当の強みの源泉を見つけることが可能となる。

　経営機能チェックリストによって，網羅的に強みと弱みを評価し，強みを数多く列挙したら，次はVRIOの4つの視点でその強みの評価要素について，本当の強みを絞り込んでいく。

図表2－2－4 VRIOの視点

VRIO	ポイント
Value（価値）	その強みは外部環境の変化に対して有効な価値があるか？
Rareness（希少性）	その強みには希少性はあるか？
Imitability（模倣可能性）	その強みはマネされにくいか？
Organization（組織）	その強みを最大限に活かすことのできる組織作りができているか？

図表2－2－5 VRIO分析表記入例

	評価要素	V	R	I	O
購買物流	安定調達	○	△	△	○
	共同購入	◎	○	○	◎
製造	高生産技術力	△	○	△	△
	生産能力充実	○	×	×	△
出荷物流	物流インフラ	○	○	△	○
販売・マーケティング	企画提案力	◎	○	◎	◎
	販売チャネル	○	△	△	○
サービス	保守・メンテ	△	×	×	×
調達活動	財務安定性	△	○	△	△
	資金調達	△	×	×	△
技術開発	商品開発力	○	△	×	△
人事労務管理	人材育成	△	×	×	△
	情報共有化	○	△	△	×
全般管理	意思決定	○	△	×	○
	組織活性化	○	×	×	△

◎極めて高い，○高い，△普通，×低い

　上記例では，企画提案力に競争優位性があるので，そこを武器にしてさらに伸ばして競合との差別化を図っていくとよい。逆に資金調達面，組織マネジメントは弱いため，克服していく必要がある。

3 自社・自部門を存続・継続させていくための施策

要 点 ···

☑ 外部環境変化と内部能力を掛け合わせた分析がSWOT分析。

☑ 3Cは市場・顧客と競合，自社の視点で成功要因を明確にする。

···

(1) 強みを活かして機会を勝ち取れ：SWOT分析

　自社・自部門を取り巻く外部環境の変化，自社・自部門の強み・弱みを把握したら，それを一度，大きな視点で鳥瞰するとよい。その際，有効な手段がSWOT分析である。

　SWOT分析とは，自社の強み（Strength）と弱み（Weakness），外部環境の変化から見た成長機会（Opportunity）と脅威（Threat）を把握し，自社の課題を抽出する分析手法である。機会を活かして，脅威を回避・克服し，強みを維持・強化し，弱みを克服するための課題の抽出がポイントとなる。

図表2−3−1　SWOT分析の記入例

項目	成長機会の把握・活用		脅威への対応	
	成長機会は何か	その成長機会をどのようにして活かすか	直面する脅威は何か	その脅威をどのようにして克服するか
外部環境	・顧客の価値観の多様化（本物，低価格，機能性，鮮度，健康重視志向） ・個食，即食，中食の増加 ・少子高齢化社会の到来，シルバー人口増加 ・内需拡大政策，自給率向上政策 ・人材の流動化拡大，失業率悪化 ・ネットを活用したマーケティングが当たり前に ・通販・宅配市場の伸長 ・生産技術の高度化	・顧客ターゲットニーズを的確に把握し，商品開発へ活かす仕組みの構築 ・生活シーンにフィットしたきめ細かなマーケティング戦略の構築 ・地元農業との連携，地産・地消，安全の確保 ・長期的な戦略に基づく人材確保・育成強化 ・情報化への投資による生産性向上 ・新規チャネルへの参入，提携先の検討 ・産官学連携による研究開発強化	・食に関する問題の顕在化による食の安全への不信 ・原油・原材料価格の高騰による利益率低下 ・個人消費・法人需要の二極化 ・フリーターの増加，倒産企業の増加 ・トレーサビリティ強化 ・海外工場の品質向上による競争激化 ・出生率低下，人口減少社会の到来 ・多種多様な産業からの参入増加による競争激化 ・大手競合メーカーの低価格戦略	・衛生・品質・安全対策，コンプライアンス強化 ・商品開発による付加価値の高い商品の提供 ・さらなる生産性向上による利益率の確保 ・既存顧客の与信管理強化と新規顧客の開発 ・情報システムの構築 ・海外市場への参入，輸出の検討 ・差別化要素の明確化とターゲット顧客への訴求 ・コンセプトの明確化，ブランド力の強化

	ストロングポイントの維持・強化		ウィークポイントの克服	
内部環境	相対優位の強みは何か	それを維持・強化するにはどうするか	直面している相対的弱みは何か	その弱みを克服し，強みに転化するにはどうするか
組織マネージメント面	・年度予算を部門別・店舗別に策定し，月次で予算実績差異分析を実施して対策を打っている。 ・情報管理システムは社内LANが整っており，日次で売上高の把握が電子化されている。 ・フラット型組織のため，トップの意思決定は早い。	・中長期的な経営ビジョンの明確化と浸透 ・各店舗によるきめ細かい業績分析システムの導入 ・社外取締役の導入によるコンプライアンス機能の発揮	・取締役の中にはパン・洋菓子の製造販売に関する現場責任者がいない。現場の実態把握に欠ける。 ・会社の経営方針の明確化と指示の徹底が不足。 ・現場の意見・提案が活用されることが少ない。 ・中長期の経営計画が策定されていない。	・プロパー社員からの役員の登用 ・幹部参加型による中長期経営計画の策定と経営方針の明確化 ・現場重視への転換による組織風土の活性化 ・経営会議の活性化 ・商品開発部長の処遇見直し

・お客様の健康のために品質のよい商品を適正価格にて提供する経営理念。		・経営会議は報告会議になっており，全社的な課題を議論する場が少ない。 ・取締役商品開発部長が経営会議に出席していないため，他部署との連携に欠ける。一体感がない。	
営業面 ・固定客として地元の主婦（高齢女性）が多い。 ・出店は乗降客の多い駅の商店街をターゲットとし，集客力を維持してきた。試験的に郊外型店舗を出店し，現在のところ成功している。 ・ポイントカードによる会員制を導入している。	・固定客の維持および新規顧客の開発 ・出店戦略の見直しと低コストでの出店の検討 ・より効果的な集客方法の検討	・営業部長は計数管理に追われ，店舗巡回ができていない。 ・販促手法もポイントサービスが主で，実質値引きしかできていない。 ・店舗改装が実施されておらず，店内が暗い。 ・商店街の集客力が落ち，既存店の売上高が下降傾向にある。	・役員による店舗巡回の実行 ・現場主義に基づいたマーケティング機能の強化（ターゲット＋4P） ・店舗改装も含めた既存店の活性化による売上高下落に歯止めをかける。
製造・開発面 ・調理パンの製品開発は各種コンテストで入賞している開発部長が行っている。 ・製品のアイテムコントロールはできており，一定数量以内にアイテム数を抑えながら毎月新商品を7～10品出している。 ・撤退する際，同様の業種を探してくる等することで撤退コストを安く抑えるノウハウを持つ。	・製品開発ノウハウの共有化 ・アイテムコントロールを生かした商品開発戦略の強化（特に調理パン以外の定番商品の強化） ・店舗撤退基準の明確化	・本社工場の老朽化による品質低下・稼働率低下 ・生菓子の競争力が低下しロスが増加している。 ・新商品は本当に顧客ターゲットに合致したものが提供されているか疑問。 ・新商品の原価高，手間がかかるため，原材料が不良在庫となっている。	・本社工場の位置づけの明確化。必要であれば適切な設備投資の実行。 ・生菓子事業の方向性の明確化。撤退か存続か。 ・顧客ターゲットに合致した商品開発体制の構築。 ・現場の意見を汲み上げた新商品開発体制の構築。
人事面 ・当社に対する愛社精神を持つ社員が多い。 ・外部コンサルタントに委託して成果主義人事制度を導入しようとしている。	・人材育成の強化 ・人事制度の運用面強化	・低賃金かつ長時間労働のため，定着率が悪い。 ・店舗内でのコミュニケーションが悪いと業績に影響を受ける。	・定着率の改善 ・コミュニケーションの充実（店舗内，各部門間）

　ここで，外部環境の機会と脅威の欄には，外部環境分析の結果を記載する。

　ポイントは，「その成長機会をどのようにして活かすか？」，「その脅威をどのようにして克服するか？」を考えることである。

　また，内部環境の強み（ストロングポイント）と弱み（ウィークポイント）の欄には，経営機能チェックリストの結果を記載する。

　ここでのポイントは，「強みを維持・強化するにはどうするか？」，「弱みを克服し，強みに転化するにはどうするか？」を考えることである。

　次に，重要と考える機会・脅威と強み・弱みを3つくらいに絞り込み，それらを掛け合わせて戦略を考える。これをクロスSWOT分析という。組み合わせによって，①積極的攻勢戦略，②差別化戦略，③段階的改善戦略，④防衛または撤退戦略からかなり具体的な戦略が導き出されてくる。

図表2－3－2 クロスSWOT分析による4つの戦略

【クロス SWOT分析】			外部環境	
4つの戦略を考える 1．SO戦略（強みを活かして機会を勝ち取る） 2．ST戦略（強みを活かして脅威を回避する） 3．WO戦略（弱みを改善して機会をつかむ） 4．WT戦略（弱みを改善して最悪の結果を回避する） ⇒最終的にどの戦略を採用するか，意思決定する。			機会（チャンス）： Opportunity ①顧客の価値観の多様化（本物，低価格，機能性，鮮度，健康重視志向） ②通販・宅配市場の伸長 ③生産技術の高度化	脅威（リスク）：Threat ①原油・原材料価格の高騰による利益率低下 ②出生率低下，人口減少社会の到来 ③多種多様な産業からの参入増加による競争激化
内部環境	強み（Strength）	①固定客として地元の主婦（高齢女性）が多い。 ②出店は乗降客の多い駅の商店街をターゲットとし，集客力を維持してきた。試験的に郊外型店舗を出店し，現在のところ成功している。 ③調理パンの製品開発は各種コンテストで入賞している開発部長が行っている。	【SO戦略：積極的攻勢戦略】 ①②×①：固定客の高齢女性をターゲットに顧客の価値観の多様化に対応した商品を開発し，郊外型店舗の新規出店を加速させる。 ③×②：商品開発力の強みを活かして，通販・宅配市場に新規参入する。 ②×③：郊外型店舗に高度な生産技術を導入して生産性を向上させる。	【ST戦略：差別化戦略】 ①③×②：今後増加する高齢女性をメインターゲットに商品開発を強化することで，少子高齢化に対応していく。 ③×①：商品開発力の強みを活かして，原材料高騰を売価に反映させ，利益率悪化を防ぐ。 ②×③：商店街出店と郊外型新規店舗の強みを活かして，競合店の出店に対抗する。

弱み (Weakness)	①現場の意見・提案が活用されることが少ない。 ②店舗改装が実施されておらず，店内が暗い。 ③本社工場の老朽化による品質低下・稼働率低下	【WO戦略：段階的改善戦略】 ①×①：現場の意見・提案を積極的に活用し，顧客の価値観の変化に対応した商品開発・接客を強化していく。 ②×①：店舗改装を順次実施して顧客の価値観に合致したコンセプトの店づくりを行う。 ③×③：本社工場の改装・修繕時に，新しい生産技術を導入し，生産性を向上させる。	【WT戦略：防衛または撤退戦略】 ②×③：老朽化した店舗の近隣に競合店が出店してきた場合，回復の見込みを慎重に判断した上で，撤退を検討する。 ①×①：現場の意見・提案を積極的に採用し，原料価格高騰対策やロス対策のアイディアを募集する。 ③×②：老朽化した本社工場の修繕・改装は今後の市場の需要を慎重に予測した上で最低限に留める。

理論上は 3 × 3 ＝ 9 通りの戦略がそれぞれ導き出されるはずだが，似通ってくるので，組み合わせによる戦略案をまずはそれぞれ 3 つ程度リストアップし，優先順位をつけて，最終的に意思決定する。

⑵ 成長・継続の成功要因は何か：3C分析

3C分析とは，「市場，顧客：Customer」，「競合：Competitor」，「自社：Company」の 3 つの視点に着目した分析である。

市場や顧客のニーズの変化に合わせ，競合の対応を鑑みながら，自社が成功する要因を明確にする。

図表2-3-3　3C分析の視点

項　目	視　　点
市場・顧客	• マクロ環境変化予測から，自社のターゲットは誰かを明確にする。 • 自社のドメインの市場の変化は何か？ • ターゲット顧客の変化は何か？ • 市場・ターゲット顧客の変化によって自社の従来の成功要因が機能しなくなるリスクはないか？ • 今後，市場で成功する要因は何か？
競合	• 具体的な競合企業の動向，戦略は何かを見極める。 • 競合は市場や顧客のニーズの変化にどのように対応しているか？
自社	• 自社の強みは何で，競合企業ができないことをできるか？ • 自社のターゲットのニーズにどうやって応えられるか？ • 競合企業が行っていることで参考にできることはないか？ • 市場・顧客対応および競合対策として，自社にとって必要な経営資源は何か？

3C分析の例：ドッグ・ガーデン・カフェの3C分析

顧客分析の視点	2020年度の東京都の犬の登録頭数は324,613匹。
	2004年度の234,199匹に対して90,414匹増加。1.4倍に増加。成長市場!?
	利用までのプロセスは，ネットで検索，お店を認知，口コミ確認して利用。
	利用頻度は，最低月1回，多ければ週1回を想定。
	メインターゲットは子育てが終わった夫婦（50代くらいを想定），意思決定者は女性。
	実際の利用者はペットと飼い主。飼い主が購買者になる。
	求めているニーズは，犬を連れて行っても遠慮しなくて済む居心地のよさ，ガーデニングのオシャレ感。
	潜在顧客として，それまでペットを飼ったことがない人が犬と触れ合うことによりペットを飼おうと思うかも？
	散歩の途中で飼い主が休憩できたり，飼い主同士でコミュニケーションを取れるとよい。

競合分析の視点	市区町村が運営するドッグラン。座るところがないと，飼い主は立ちっぱなしで疲れる。草木や花がないと殺風景。
	屋外だと，夏は暑く，冬は寒い。雨が降ると行けない。本当は雨の時ほど散歩させる場所がなくて困るのに。
	公園は無料。芝生や草木，自然が多くて広い。ベンチもある。
	大手ショッピングモール併設 ドッグランは平日は30分500円，土日祝日は30分700円。 天然芝で，小型犬専用エリアと全犬種用フリーエリアに分かれる。 隣にトリミングサロン，ペットホテル，ヘルスサポート店が隣接し，ペットホテルは一時預かりも対応。
	企業が運営するドッグカフェでサロンやホテル，ドッグランなどの犬の複合型サービス施設あり。 愛犬同伴OKで，一緒にお肉料理や無農薬野菜のヘルシー料理を楽しめる。ランチ1,000円〜。 パーティーやオフ会など，貸切で利用も可能，愛犬も食べられるドッグメニューあり。30席〜。

自社分析の視点	屋内と屋外のスペースを使い，屋外はシェードで日差しや雨風を防げるような設計にしたい。
	本物の芝生と人工芝を使用し，季節の草花を植えてガーデニングも楽しめるようにする。
	会員制かつ完全予約制にして利用料は月額固定のサブスクリプションにしてカフェもセルフ型飲み放題にしてはどうか？
	ドッグトレーナー育成の専門学校と提携して，生徒さんと一緒にイベントを企画できないか？
	飼い主さん同士がコミュニケーションを取れるような企画を考えてみる。例：トイプードル・デイ
	犬の公衆トイレを整備できないか？ 消臭剤のメーカーやトイレメーカーと共同開発できないか？

4 後進育成：10年〜30年後を考えて，自分ができることを引き継ぐ

要 点 ......

- ☑ 後進育成は組織内・外で実施する方法がある。
- ☑ 経営トップ層がマスターすべきコミュニケーション・スキルとして，①

コーチング，②アクティブリスニング（傾聴），③質問技法がある。

☑　「教え方」を工夫すると後進育成がスピードアップする。

☑　スキルマップで後進育成を見える化・点数化する。

・・・

　自社・自部門を継続させていくためには，常に自分の後進を誰にするか，誰が適任か，意識してしっかりと育てていくことが重要である。その際，中長期的（10年〜30年のスパン）視点で考える必要がある。

(1)　後進育成方法

　具体的な後進育成は組織内で行うか，組織外で行うかの2つの方法がある。

　対象者の役職や経験，能力によって何を行わせるかはさまざまであるが，組織内で後進育成を実施する具体的な方法として下記が挙げられる。

---

① 　1つの仕事や任務を最初から最後まで責任を持って担当させる。

② 　難しい問題・緊急課題を解決させる。

③ 　リーダー的な役割を負わせる。

④ 　部門変革を実施させる。

⑤ 　全社または事業部の中長期経営計画を立案させる。

⑥ 　中長期経営計画の推進役を担わせる。

⑦ 　社員間・部門間の対立，変化への抵抗，不満に対処させる。

⑧ 　自分の専門分野以外の問題や課題に対処させる。

⑨ 　組織横断的な会議の議長を任せる。

⑩ 　短期プロジェクトマネージャーを任せる。

⑪ 　社内研修のファシリテーターを任せる。

⑫ 　競合分析を行わせる。

　自分の後継者を育成するのであれば，極論をいえば「自分が行っている仕事はすべて」振ってしまって構わない。ただし，期限内に間に合いそうにないときは適宜フォローし，責任は自分自身が負う覚悟が必要である。

　後進育成は組織内だけで行うのではなく，組織外でも行うことで刺激を受け，効果が高まる。組織外で行うには，具体的には下記のような方法がある。

---

① 専門家の会合や業界の会議に出席させる。

② 顧客や仕入先企業の事業拠点や製造工場を視察させる。

③ 顧客のトラブル解決を任せる。

④ 仕入先・協力会社との条件交渉にあたらせる。

⑤ 競合先の事業拠点（店舗や工場等）を視察させる。

⑥ 外部研修を受け，自分の会社内で社内講師となってフィードバックさせる。

　特に，現場視察（顧客，仕入先，競合先等どこでもよい）は自社以外の現場を見ることができ，自社と比較することで自社のレベルを客観的に把握できる。百聞は一見にしかず，である。

(2)　後進育成を行うためのコミュニケーション・スキル

　後進育成というと，こちらから積極的に教えていく方法を思い浮かべがちだが，効果的なコミュニケーション・スキルとして，①コーチング，②アクティブリスニング（傾聴），③質問技法がある。

　コミュニケーション・スキルは，管理者層以上に強く求められるスキルである。これらのスキルを駆使し，後進の能力を最大限に引き出し，後進が自ら考えて行動できるように育成すると，そのような育成風土ができ上がっていく。そういう組織は強い。

①　コーチングの2つの基本的考え方

a．解決方法・答えは本人自身が持っている。

　すでに，本人が答えをわかっているが，他人からいわれてもなかなか実行できない。しかし，自分自身で気づいて認識すると実行に移しやすくなる。それを引き出すことの支援を目的にする。

　ｂ．人は無限の可能性を持っている。

　機械と違い，人は「考える・工夫する」ことができるため，能力は無限に広
がる。いかに能力や可能性を最大限に発揮させるようにするか，を考えながら
支援することを目的にする。

　この２つの考え方をベースに，まずはアクティブリスニング（傾聴）技法に
よって，相手の考えていることをとにかくとことん聴いてみる。

　②　アクティブリスニング（傾聴）技法

　基本的には，相手が伝えたいと思っていることを全身全霊で全神経を集中し
て聴く姿勢・気持ちが重要だ。しかし，なかなかしゃべってくれない相手もい
る。

　次のたった２つのテクニックを知っているだけで，発言しやすい雰囲気がで
き，「誰々さんは話しやすい」と思ってもらえるようになる。

　ａ．受　容

「なるほど。そうですね」，「確かにそうですね」等，相槌をうつ，うなずく。
適度なアイコンタクトもポイントである。

　ｂ．繰り返し

相手がいった言葉をそのまま繰り返して確認する。

「私は最近仕事で壁にぶちあたったんです」

　→「そうですか，仕事で壁にぶちあたったんですね」

「自分の能力以上の仕事を任されているように思い，気が重いのです」

　→「能力以上の仕事を任されて，気が重いのですね」等

徹底的にこちらは「聞き役」に回り，思っていることをすべて吐き出しても
らうことがポイントである。間違っても「能力以上の仕事を任されたのは，良
いチャンスですよ。具体的にどんな仕事ですか？　できる人にやり方を聞くと
よいですよ」という「アドバイス」や，「気が重いなんて，何でネガティブに
捉えるのかな。だからダメなんだ」という「説教」はご法度だ。真剣に後進育
成をしようと思えば思うほど，何とかしてあげようとアドバイスをしてしまう

のだが，逆効果なのである。すでに本人は本人なりに悩んで，いろいろなことを試しているはずだ。その上で相談しているのに，上から目線でアドバイスや説教を始められたら，もう相談しようという気が起きなくなってしまう。

　とにかく，まずは，「聴く」ことに徹する。それだけで納得して「やっぱり，頑張ってみます。○○さんが昔その仕事をしていたと聞いたので，どんな風にやるといいのか，コツを聞いてみます」というようになることが多い。

　ただ，いくらなんでもいつまでもオウム返しをしていては前に進まない。そこで，相手が言い切った頃を見計らって，「質問」をするとよい。

③　質問技法

　後進育成が目的なら，Yes，Noで答えるような「クローズド・クエスチョン」ではなく，文章で答えるような「オープン・クエスチョン」で質問すると，相手は頭の中で考えないといけなくなり，頭を整理するようになる。

　「オープン・クエスチョン」では，相手ができるだけ将来の良い姿をイメージできるような質問がよい。

　たとえば，先ほどの例であれば，「その仕事をやり遂げたらどんな気持ちがするでしょうね？」というような前向きな質問がよい。

　また，解決策を探すきっかけになるような質問も有効である。たとえば，「その仕事を以前担当していた前任者とあなたの違いは何ですか？」や「その仕事を遂行するために必要な能力とは，いったいどのような能力ですか？」等である。

　質問をすることで相手が，自然と解決策を考えられたらしめたものである。

　たとえば，「前任者とそんなに違いはないと思うのですけど」（ということは自分にもできるかもしれない），「必要な能力は現状をしっかりと把握する能力です」（そうだ。もっと現状把握をきっちりしなければ）等である。

図表２－４－１ 後進育成を念頭に置いた質問（例）

- 5年後にあなたはどうなっていたいですか？　では5年後には会社はどうあってほしいですか？
- 30年後にはあなたは，また会社はどうありたいですか？
  できるだけ具体的に。
- 現在あなたが行っている業務は3年後には誰が行っていると思いますか？　5年後は誰が行っていますか？　10年後は？
- あなたは3年後にどのような仕事をしていたいですか？
- あなたの代わりになれる人は現在の会社では誰ですか？　その人があなたの代わりになるためには，具体的に何をすればよいですか？
- あなたの代わりになれる人がいない場合，どのような人材がいれば代わりになりますか？

(3)　教える技術：わかりやすさの追究

　「俺の背中を見て覚えろ」や「技は盗むもの」という職人気質の時代もあった。しかし，現代の経営環境の変化のスピードは速く，上述のようにやっていては，置いていかれてしまう。

　従業員にいかにスピーディーに仕事をマスターさせるか，「教える方」がわかりやすい「教え方」をマスターしなければならない時代になったのである。

　図表２－４－２は，教えてもらう立場から，わかりやすかった教え方の意見である。

図表２－４－２ わかりやすかった教え方（例）

① 同じ目線で話をしてくれる（専門用語を使わず）。
② パンフレットや資料を見ながらの説明だとわかりやすい。
③ 初めにお手本としてやってもらうとわかりやすい。
④ 何のためにするか（目的）をまず説明してから教えてもらうとわかりやすい。
⑤ 具体的に製品の並べ方などを考えて実践的に教えてもらうとわかりやすい（ポイントを明確にしている）。

　また，図表２－４－３は「教え方の工夫」をテーマにグループディスカッションを実施した際に出てきた具体例である。

図表２－４－３ 教え方の工夫（例）

お手本を見せる	・実際に自分が説明しながらやってみせる。 ・お手本を見せて，説明してから実践させる（いきなりはやらせない）。 ・先にお手本を見せる。一度自分の手本を見せてから。 ・教えるときは一度やってみせて，やらせて，悪いところはこうするとよいとアドバイスする。 ・説明をして見本を見せた上で実際にやってもらい，ほめる。 ・見本を見せてあげる（品物等，見えるところにおいてあげる）。 ・やってみせる→やらせる→ほめる→注意　実際にやってもらって，興味・関心を持ってもらう。 ・自分が一度実践して，その後は後輩にやらせる。やっているところを見て間違いを教える。 ・教えるときは実践してみせて，良いところを取り入れてもらう。 ・言葉で言うより，やって見せる→説明する→やらせてみる→ほめる。 ・ディスプレイなどは自分でやってから他の人にもやらせる。 ・全員平等に，まずは自分が手本を見せる。自分が見本になり，笑顔で教える。
やらせてみて考えさせる	・自分で考えて行動させる（わからないからといってすぐに聞くのではなくて）。 ・自分で考える余地も与える（すべて教えるのではなくて）。 ・初めにまずやらせてみて，間違いを後から指摘する。 ・部下に考えさせる。考える力をつけさせる。仕事の内容の理由を考えさせる。 ・失敗してもよいので，まずやらせてから見本（お手本）を見せる。 ・実際に自分でやって覚えてもらう（失敗談をもとに注意するポイントを先に教える）。 ・いろいろなことをやらせる。実際に経験させる。 ・技術職の場合，すべて教えるだけでなく，自分で見て考えて行動してもらう。
一緒にやってみる	・簡単に相手にわかりやすく，一緒に仕事をする。自分が新人の時を思い出す。 ・同じ立場に立って話す。最初は一緒にやってみる。盗め！的なところもある。 ・パニック状態のときは，隣でフォローしてあげる。 ・何がわからないのかを，相手の立場に立って，聞く。付き添って教える。 ・できるだけ，マンツーマンで教える。一度に教えすぎない。段階を追ってその都度，その場面で教える。
目的を説明	・何のためにそれをやるかを説明する（でき上がりを見せるとわかってもらいやすい）。 ・１年間の流れを説明して，全体像を見せて，目的を説明してから，細かいことを教えていく。 ・何か教えるときは理由づけを必ずしている。 ・部下がやっている仕事の目的は何か，どのように使うかを説明した上で仕事の重要性を知ってもらう。 ・仕事の理由・目的をはっきり伝える。それぞれの操作において，意味や理由を一緒に教える。

ほめる	• 良いところはほめ，ダメなところは注意する。 • やった仕事に対して，まず良いところをほめて，その後ダメなところを指摘する（相手によって使い分ける）。 • 部下の長所・短所に合った適材・適所の仕事から教えていく。感謝の言葉をいう。 • 良い面をほめて，声を掛けてあげる。優れている点を伸ばしてあげる。 • その人の良いところをほめて，成長してもらう。なるべくほめる。
注意をする	• 他の人の前では怒らず，後で理由を述べてあげる。できなくても責めない。 • 後輩の注意の仕方に気を使っている。その後のフォローにも気を使っている。 • 後輩の性格を見て，教え方を変えたりする。怒るときは怒る。 • やった仕事に対して，まずダメなところを指摘してその後良いところをほめる（相手によって使い分ける）。 • ミス等について，同じことは繰り返さないように教える。 • 注意するときは，後輩の立場に立って。なるべくその場で指摘する。 • 間違ったときは，温かく見守ってあげて，2，3日経ってからしっかりと教える。 • しかるときはしかって，ほめるときはほめて，メリハリをつけるようにする。
コミュニケーション	• わからないことは聞いてもらうようにする。「わかるまで聞いて！」という姿勢で教える。 • わからないことがあるときは嫌な顔をせず，親切に教えてあげる。相手に対して思いやりを持つ。 • コミュニケーションが必要（仕事や休憩中などに話しかけてあげるよう，心がけている）。 • 話し合いながら商品を完成させていく。チームワークを大事にする。 • 仕事以外でも飲み会等のコミュニケーションをとり，会社を好きになってもらう。 • 部下の意見も聞き入れる（良い方法は受け入れ，ダメな方法はしっかりと説明して断り，受け入れない）。 • いいたいことがお互いにいえるようなコミュニケーションを普段から心がける。 • 伝達事項をしっかりと伝える（直接話す，メモを渡す，資料で伝える，等）。 • 感情的にならないように心がけている。否定から入らないようにする。
相手に合わせる	• 我流の押しつけはしない。自分の考え方を押しつけず，相手に合った教え方を心がけている。 • 一方的にならないように，押しつけがましくならないように気をつける。 • 個人に合った教え方をする。まずは部下の仕事のスピードに合わせる。 • 自分が教えてもらったように，後輩・部下などにも教える。 • 個人レベルでの指導。相手の目線で指導。同じ目線で話す。

言葉遣い	・相手に対しての言葉遣いに気を使っている。 ・私語，雑談はなるべくしないように気をつける。上司と部下の悪口は絶対にいわない。 ・命令形にならないようにしている。→「○○をお願いしてもいいかな？」 ・専門用語を覚えてもらうように，出てきた都度説明する。 ・時と場合による言葉遣いに気をつけている。

(4) 後進育成の見える化：スキルマップ

　スキルマップとは，部門内の業務について個人のスキル（技能）レベルを一定の客観的な尺度で評価し，図表2-4-4のような一覧にすることで，緊急に強化すべきスキルを明確にし，人材育成のポイント・目標を明確化するツールである。

図表2-4-4 スキルマップ（例）

項目 メンバー	業務1	業務2	業務3	業務4	業務5
Aさん					
Bさん					
Cさん					
Dさん					

1：指導を受けてできる
2：基本はできる
3：応用・例外に対応できる
4：他者を指導できる

記入方法：○を4等分し，いつまでにできるようになりたいか，目標の日付を記入する。実際にできるようになったら塗りつぶしていく。

　スキルマップの作成は下記の4つのステップにて行う。

▶ステップ１．業務の棚卸

部門内で行われている業務をすべて洗い出す。製造部門であれば，たとえば機械の取扱い等が挙げられる。普段，部門内のメンバーが実施している業務を列挙してもらうことで把握ができる。月次レベルと年度レベル，定例業務と非定例業務等に区分する工夫も必要である。

▶ステップ２．スキルの評価

部門構成員の各業務のスキルを一定基準で評価する。基本的には部門長が評価する。

０〜４の５段階程度の評価がよい。また，数値化するとわかりやすくなる。部門構成員の属性として，年齢・性別・勤務年数の把握も行う。

▶ステップ３．部門内の業務別・構成員別スキルの把握

部門構成員のスキルを一覧にまとめて，縦と横を集計することで，部門におけるスキルレベルを把握する。部門構成員全員にフィードバックすることで，部門内のスキルレベルの共有化も行う。

▶ステップ４．重点育成業務・人材の明確化

部門として早急に育成しなくてはならない業務内容を明確にし，あわせて，誰に，いつまでにどのレベルまでになってもらいたいかを明確にする。

図表２－４－５は営業支店におけるスキルマップの例である。担当者が７人おり，主要スキルについて担当者ごとに評価をした。

結果，支店のスキルレベルは101ポイントとなった。スキルが全部で６つあり，４点満点で７人が対象のため，全員が習熟している状態は168ポイントとなる。よって習熟度は60.1％（101÷168）となる。

また，個人レベルでも習熟度が明確になる。個人は満点が24ポイント（６スキル×４点）のため，個人別のポイントとの割合がわかる。Aさんは19ポイン

図表2－4－5　営業支店のスキルマップ（例）

評点/（4点×スキル数）

	氏名	年齢	勤続年数	情報収集	営業提案	営業戦略立案	活動準備	目標設定	営業活動	合計	個人習熟度
1	A	37	18	4	3	3	3	3	3	19	79.2%
2	B	36	18	4	2	2	3	2	2	15	62.5%
3	C	39	10	2	2	1	2	2	2	11	45.8%
4	D	43	9	3	3	4	3	3	4	20	83.3%
5	E	32	9	2	2	2	2	2	2	13	54.2%
6	F	27	8	2	3	2	2	2	2	13	54.2%
7	G	25	8	2	2	1	1	2	2	10	41.7%
	合計			19	17	16	16	16	17	101	組織習熟度
	スキル習熟度	評点/（4点×人数）		67.9%	60.7%	57.1%	57.1%	57.1%	60.7%		60.1%
				1	2	3	4	5	6		

評点

0	まったくしたことがない（過去、担当したことがない場合も含む）
1	サポートを受ければできる（過去にしたことがある）
2	1人で基本的なことはできる
3	1人で応用的・例外的なことができる（理屈がわかっている）
4	他者の指導・サポートができる

多能工化率：目標は100%
スキル習熟度＝評点/（4点×人数）
個人習熟度＝評点/（4点×スキル数）
組織習熟度＝評点/（4点×人数×スキル数）

トのため79.2％（19÷24）となる。Ｇさんは10ポイントのため，41.7％（10÷24）となる。

　また，スキルとしては，4と3のレベルが各1名以上いるスキルは「当面問題なし」としたが，4のレベルがいない，または合計が4ポイント以下のスキルは「最重要育成項目」として位置づけるべきである。

　図表2－4－5の例では，営業提案，活動準備，目標設定のスキルで4の評価の人がいないため，早急に他者への指導・サポートができるように習熟してもらう必要があることが明確になった。

　また，個人別には，ＣさんとＧさんのスキルレベルの向上が課題である。2人には計画的に経験を積んでもらう必要があることが部門内で共有化され，本人たちの自覚も芽生えた。

| コラム | 次世代リーダー養成プロジェクト |

　中小企業のクライアントの中堅幹部（30歳〜40歳）6人を対象にした次世代リーダー養成プロジェクトを開催することになった。狙いは，視野を広げること，経営に興味を持ってもらうことである。そこで，下記の3つの課題を毎月実施してもらうことにした。

① 　日本経済新聞を毎日読み，気になった記事を1つ挙げて，なぜ気になったのか，自社や自分自身に与える影響や感想をワードでA4用紙1枚にまとめて提出する。

② 　経営に関する書籍を毎月1冊読んで，その内容を要約し，自社に役立てられることや，感想をワードでA4用紙1枚にまとめて提出する。

③ 　経営に関するTV番組を見て，気になった番組・企業を1つ挙げ，その内容を要約し，自社との違い・自社に当てはめることができること，感想をワードでA4用紙1枚にまとめて提出する。

　事前に提出してもらったレポートに筆者が簡単なコメントを付してフィードバックを行い，次回訪問した際にお互いに発表しあってもらって共有化をした。

　このプロジェクトの効果は，本人の視野が広がるだけでなく，お互いに共有することで共通の話題ができることや，考え方・思考回路が共有されることだ。「この人はこういうニュースに興味があるんだ」とか「この人の発想はこういう本やTV番組から来ているのか」という気づきがお互いにある。当然，日頃のコミュニケーションも円滑化される。筆者もフィードバックをする以上，新聞に目を通し，TV番組も見て，本も可能な限り読まなければならない。最初は大変だったが毎月実施することで習慣化され，メンバーの視野は相当広がったと考えている。おかげで，筆者も多くの知識・情報を得ることができたので，実施した甲斐があった。

　筆者は，コンサルティングと人財育成は両輪だと考えている。人財育

の根本的な考え方は山本五十六の下記の言葉に大きく影響を受けている。

　やってみせ，言って聞かせてさせてみて，褒めてやらねば人は動かじ

　話し合い，耳を傾け承認し，任せてやらねば人は育たず

　やっている，姿を感謝で見守って，信頼せねば人は実らず

第 3 章

ビジョン策定

自社の10年後のありたい姿を描く

1 10年後のビジョンを明確に描く

要　点　・・

☑　ビジョンは，①イメージ像，②事業ビジョン，③経営機能ビジョン，④経営資源ビジョン，⑤中長期経営目標で構成される。

☑　ビジョンは魅力的であるほうがよく，ブレイクダウンをしていけばいくほど具体的になり，実現可能性が高まる。

・・

　人間は脅しでは動かない。脅して動くのは続かない。しかし，素晴らしい未来のためになら頑張ることができる。10年後のビジョンは魅力的なものでなければならない。また，手が届くことがイメージできるように努力しなければならない。誰にでも可能性はある。最初から諦めていては何もできない。ビジョンはレベルが高いほど難しいが，やりがいにつながる。筋を通して，道筋を示したいものだ。

　ビジョンとは，未来像であり，「将来において，企業としてこうありたいと思う姿」を示したものである。経営理念が企業の存在意義を表しているのに対し，ビジョンは従業員が到達したいと願う「目指す姿」である。ビジョンには経営理念と一貫性があり，組織構成員にとっても，ステークホルダーにとっても共感が得られ，魅力的なものでなければならない。

　ビジョンの例として，キッコーマンの「グローバルビジョン2030」を示す。

図表3－1－1 ビジョン（例）：キッコーマンの「グローバルビジョン2030」

> **目指す姿**
> （1）キッコーマンしょうゆをグローバル・スタンダードの調味料にする
> 　　北米市場において「キッコーマンしょうゆ」が日常生活に浸透しているような姿を，世界中で展開し，各国の食文化との融合を実現していく
> （2）世界中で新しいおいしさを創造し，より豊かで健康的な食生活に貢献する
> 　　常に革新と差異化に挑戦することで，世界中の人々のおいしさや健康につながる価値ある商品・サービスを提供していく
> （3）キッコーマンらしい活動を通じて，地球社会における存在意義をさらに高めていく
> 　　地球社会が抱える課題の解決に寄与することにより，世界中の人々からキッコーマンがあってよかったと思われる企業になる
>
> 　　　　　　　　　　　　　　　　　　　（出所：キッコーマンHPより抜粋）

　ビジョンの表し方は企業によってさまざまであり，正解などは存在しないが，少なくとも組織構成員がイメージできるように工夫する必要がある。

　そのため，簡潔・明快でありながらもある程度の抽象性を持つことを意識している。5W2Hをすべて明確にしてしまうと具体的になりすぎるので，あえて明確にしないことで抽象的にしている。また，魅力的なビジョンは未来志向で，チャレンジングなものと考えている。ビジョン策定者の「将来こうなっていたい」という熱い想いを引き出すように対話を繰り返している。ビジョンの具体的かつ詳細な内容をイメージするフレームワークとして，図表3－1－2，3－1－3の「経営ビジョン策定シート」を実務ではよく活用している。

　ビジョンの策定は，実際には現状分析（マクロ環境分析や，経営機能分析）を実施しながら同時並行で行うことが多い。経営トップ層の頭の中にあるビジョンをひも解いて，明確にしていく作業プロセスである。

図表３－１－２ 経営ビジョン策定シート

	戦略要素	10年後のビジョン
企業イメージ像	①地域社会への貢献	誰にどのような貢献をしていきたいか？
	②環境問題への取組み	エコ活動，リサイクル活動
事業ビジョン	①事業構成	専業化に徹するか？　多角化に挑戦するか？どのような事業にどこまで取り組むか？
	②事業ドメイン	ターゲット顧客，提供する価値，差別化要素は？
	③製品・市場	製品と市場の組み合わせは？　エネルギーを注ぐ順番は？
経営機能ビジョン	①営業分野	強化すべき経営機能は何か？
	②技術・製造分野	それぞれの機能別にどうなっていたいか？より具体的にイメージできるように。
	③商品開発分野	
	④経営管理分野	
経営資源ビジョン	①「組織」	組織規模は？　組織体制は？　人員配置は？年齢構成は？
	②「ヒト」	人材育成の方向性は？　人間観は？
	③「モノ」	必要な設備は？　お金の使い道の優先順位は？
	④「カネ」	調達余力はどれくらいか？
	⑤「情報」	情報の鮮度は？　情報源は？　情報量は？情報の質は？
中長期経営目標	①業績目標	売上高，営業（経常）利益率（額），総資産回転率，損益分岐点比率，労働生産性等
	②業界地位	市場シェア，規模（売上高，利益水準，従業員数）
	③成果配分ルール	労働分配率と１人当たり人件費，株主配当，内部留保

図表３－１－３ 経営ビジョン策定シート（例）

	戦略要素	５年後のありたい姿
企業 イメージ像	一般消費者の住生活（特に水回りの衛生面・清潔感・安全面）	日本で培った成型技術とセンスのあるデザイン力をベースに世界中の人々に，衛生的で清潔感があり，安全かつスタイリッシュな住生活空間を提供するお手伝いをする。
事業 ビジョン	①事業構成	新事業創造に取り組み，住宅産業以外の分野に進出する。
	②製品・市場	既存の金型を加工することで新製品開発に注力する。
経営機能 ビジョン	①販売分野	新規顧客開拓への注力。 他分野への新規参入。
	②技術分野	情報・新製品および技術の提案（受け身から提案へ）。
	③商品開発分野	新商品の開発，新材料の開拓。
	④経営管理分野	在庫管理を強化し，在庫削減を実現する。
経営資源 ビジョン	①「組織」	作業の組織分担を明確にする。分野ごとの組織づくり。
	②「ヒト」	社員教育の充実。
	③「モノ」	購買管理の徹底。
	④「カネ」	所有不動産の有効活用，借入金の返済に力を入れる。
	⑤「情報」	新コンピューターにより情報の一元化を行う。
中長期 経営目標	①売上高・利益	売上高○○億円，経常利益○○億円。
	②業界地位	国内シェア30％を目標とする。（業界第２位）
	③成果配分ルール	労働分配率50％を目標とする。

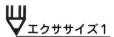
エクササイズ1

Q1. 自分の夢は何か？　自分の10年後の目標は何か？

夢	10年後の目標

具体的であれば具体的であるほど，夢は実現する可能性が高まる。

Q2. 自社のビジョンは何か？　10年後の目標は何か？

会社としてのビジョン	10年後の目標

Q3．下記の項目について，現状と10年後のありたい姿との比較を実施せよ。

項　目	現　状	10年後のありたい姿
主力商品		
主力得意先		
主力販売チャネル		
付加価値の主力源泉		
営業利益率の主力源泉		
主力技術		
経営の重点		
競合企業		
業界での立場		

| コラム | 市場規模の予測方法 |

　自社のシェア目標を立てる際，市場規模がわからないと不可能である。そこで，売上高を要素分解することで市場規模を予測するクセをつけるとよい。下記は頭の体操として企業内で実施する例である。

エクササイズ2

　新幹線の東京～新大阪間のコーヒーの売上高を複数パターン予測してみよ。

　パターンＡ：売上高＝単価×数量（購入者数）

　最もシンプルな予測方法であり，購入者数をさらにブレイクダウンする必要がある。

　［購入者数のさらなる分解要素］

- 時間帯によって乗車率が異なる
- サラリーマン，ＯＬ，ファミリー等の属性によってコーヒー購入率が異なる
- 男女別，年齢別によってコーヒー購入率が異なる

　パターンＢ：売上高＝単価×｛ポット数×１ポット当たりコーヒー杯数｝（生産能力）×購入割合

　生産能力（このケースではポット数）に着目した予測方法である。生産能力を超えた販売は不可能なので市場規模の限界を知ることができる。

　［購入割合のさらなる分解要素］

- １つのポットの販売率：売れ残り率等
- １つのポットが何分で売り切れるか？
- ２時間半で何ポット販売できるか？

　パターンＣ：売上高＝販売員数×販売員当たり売上高×コーヒー構成比

販売員の接客・販売能力に着目した予測方法である。

［コーヒー構成比のさらなる分解要素］

- 1人の販売員が2時間半で販売できる売上高のうち，コーヒーの構成割合
- スーパー販売員と平凡販売員の違いは何か？
- 販売員が何回，車両を行き来できるか？
- 1車両を行き来するのにどれくらい時間がかかるか？

2 10年後の事業領域：ドメイン

要　点 ・・・

☑　ドメインは①誰に，②何を，③どのように提供するか，を明確に示す。

☑　自社の「コア・コンピタンス」を突き詰めて考えるとドメインが見えてくる。

☑　他社に真似できない当社ならではの中核的な能力が「コア・コンピタンス」である。

☑　コア・コンピタンスを見極める際，①模倣の可能性，②展開の可能性，③代替の可能性，④希少性，⑤耐久性を意識する。

・・

　10年後には，自社は「誰に何をどのように」提供しているのか？　価値観は異なるものの，さまざまな可能性を秘めたグローバル市場を相手にするのか？それとも地域の顔が見えるお客様のお役に立つことを目指すのか？

　経営に唯一絶対の正解などはない。どちらも素晴らしいビジョンである。自分の信念に基づいて，10年後のドメインを描けばよいのだ。

(1)　ドメインとは

　ビジョンの柱である事業ビジョンを描くにあたって，最も簡潔な表現方法がドメインである。ドメインとは，「事業活動を行う領域」のことであり，「誰に

何をどのように提供するか」を社内外に定義したものである。

　ドメインを定義する際，事業領域を広くしすぎても，狭くしすぎてもよくない。下記の2点に留意すべきである。

　1つが，従業員の能力等の経営資源を超えた事業領域の設定によって，経営資源の分散化・弱体化を回避することである。成長志向が強い経営者によくみられる現象である。事業領域を広げていくことは魅力的なことであり悪いことではない。ただ，「自社の従業員の能力等の経営資源を超えて」事業領域を拡大することが危険なのである。多店舗展開をしている企業が従業員教育を怠ったまま急激な店舗拡大を行ってしまい，その後接客サービス面で顧客から不満が続出してしまうような例がよくある。

　逆に，狭すぎる事業領域に固執しすぎて，事業衰退の危険をまねくことのな

図表3－2－1 ドメイン（例）

誰に
地域の皆さま

常にお客様ありき
お客様にとって便利な会社になる

コア・コンピタンス
100年にわたり，地域社会に
根差して築き上げたブランド力

何を
安全，安心で快適な
生活空間，余暇，時間を

グループの事業すべてが
サービス業である

どのようにして
お客様のライフスタイルの
変化に合わせてご提供

お客様は常に困っている。
その迷いをいかにして取り除くか？
押しつけではなく，
目の前のお客様をお助けする

いように注意すべきである。こちらは保守的な経営者によくみられる現象だ。本業に集中すること自体は悪いことではない。ただ，「固執しすぎる」ことによって，急に本業自体が立ち行かなくなってしまう危険性があることを知っておくべきである。たとえば，販売チャネルを既存の小売チャネルだけにこだわってしまい，経営環境変化の中でインターネット通販が台頭してきても対応できず，売上高がじり貧になってしまう等の例がある。

　自社のコア・コンピタンスを突き詰めることで，ドメインが見えてくる。

⑵　コア・コンピタンス

　コア・コンピタンスとは「顧客に対して価値を提供する際，他社に真似できない当社ならではの中核的な力」である。長期的に企業経営を継続し，成長していくためには，自社のコア・コンピタンスが何かを再認識しておく必要がある。

　コア・コンピタンスを見極める場合，①模倣の可能性，②展開の可能性，③代替の可能性，④希少性，⑤耐久性の5つの点について考える必要がある。どの要素が有効かは市場環境や競争環境によっても異なり，またいったん築いた競争優位も，市場環境の変化とともに陳腐化するおそれがあるため，継続的にコア・コンピタンスを見直し，新たな能力の育成などの努力も欠かせない。企業のコア・コンピタンスは，ブランド，技術開発力，物流ネットワーク，生産方式，共通の価値観など，さまざまなものがありうる。

図表３－２－２ コア・コンピタンス

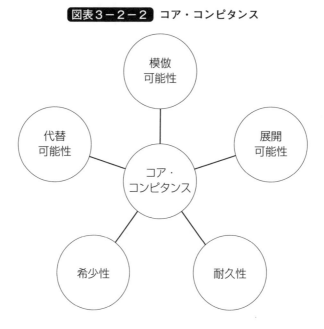

(3) ドメインの設定：誰に～ターゲットの明確化

　ドメインの設定の際，最も重要なことが「わが社のターゲットは誰か」を明確にすることである。ターゲットの選定は，業態ごとに異なってくる。一般消費者を対象にしている小売業やサービス業の場合は，年齢×性別が一般的であるが，それ以外のくくり（価値観や所得層，考え方，行動パターン等）でターゲットを明確にする必要がある。いわゆる，ターゲットの細分化である。

　近年では，一口に高齢者といっても，体力的に健康で活動的ないわゆる「アクティブ・シニア」もいれば，体力的・精神的にも弱ってしまい，介護が必要とされる方もいる。また，求めているベネフィット（価値・満足感）も低価格だけを求めるときもあれば，高級なサービスに満足するときもある。百貨店で特別な日に買い物をする消費者は日頃の買い物にコンビニエンスストアも使っているのだ。また，価格以上に，機能性（カロリーオフ食品やしわになりにく

図表3－2－3 小売業のターゲットの細分化

	地理的要因	地域，都市の規模，人口密度
消費者特性	人口統計的要因	年齢・性別，家族構成，職業・所得
	心理的要因	ライフスタイル，個性（パーソナリティ）
消費者反応	求めるベネフィット	経済性，機能性，高級感，精神的余裕等
	使用頻度	ヘビー，ライト，ノンユーザー

　い衣服等）を求めるときもある。したがって，ターゲット層を絞り込むときは，図表3－2－3の要因を掛け合わせる必要がある。

　BtoBの業態で，企業を対象に経営を行っている場合，ターゲットの選定は，どの市場に可能性があるか，その市場の中のどういう企業なのか（規模，展開エリア，発展性，経営理念等）を考える必要がある。その上でさらに，与信や取引条件などの検討を行う必要がある。

　マクロ環境分析を行うときに，どの市場に可能性があるか？　成長市場はどこか？　を意識しておきたい。BtoBの場合，ターゲットを明確化するために必要な企業情報としては，図表3－2－4のようなものが挙げられる。

図表3－2－4 企業情報（例）

1	会社名・業種		
2	財務情報	売上規模，借入金の水準，所有不動産	
3	業種特性	成長産業・成熟産業	景気連動型・非連動型
		人口動態連動型・非連動型	伝統事業・新興事業
		規制産業・自由競争型	
4	業歴	年	
5	代表者名	氏名，年齢，社長歴，経歴など	
6	後継者	氏名，年齢，経歴，社長との関係など	
7	従業員数	名	
8	事業所	それぞれの事業所の広さ，従業員数など	
9	グループ会社	有無，事業内容，業歴	
		売上規模，従業員数，資本関係	
		経営者の兼任関係，取引，資金融通の有無	
10	企業特性	内需型・輸出型	全国展開型・地域限定型
		拠点分散型・拠点集中型	本業集中型・兼業型
		労働集約型・設備集約型	独立型・下請型
		保有機能：企画・開発，製造，営業，物流，小売，管理	
11	顧客特性	B to Bか，B to Cか	
		主要顧客とその割合は	
		主要顧客の要求事項は何か	
12	販売チャネル	卸・商社依存，小売店へ納品，直営店保有など	
13	販促方法	広告宣伝の仕方，PR方法など	
14	製品特性	主たる用途，価格帯は高額品か低額品か	
		アイテム数は，ライフサイクルは	
		競合となる製品は何か	
15	仕入先特性	主要仕入先とその割合は	
		主要仕入先の要求事項は何か	
16	経営理念	何のために事業を行っているか	
17	資本構成	主要株主は誰か	

　ターゲット企業を選定しながら，そのニーズ，自社ができること，方策を考える。

(4)　ドメインの設定：何を～提供価値（ベネフィット）

　自社が提供しているものは何か？　目に見えている製品か？　それとも何か別のものか？　を突き詰めて考えてみる。

　たとえば，お酒の卸売業が販売しているのは，ビールか？　日本酒か？　酒を売っているのはメーカーであり，卸が提供しているのは別のモノである。卸は，商品の売れ筋情報や，新商品をメーカーに代わって説明する機能，在庫調整機能といったサービスを提供しているのである。

　では，ビールメーカーが提供しているのは正にビールだろうか？　ビールメーカーは消費者がビールを飲むことによって得られる別のモノを提供している。たとえば，開放感，コミュニケーション，雰囲気づくり，ストレス解消等である。それが消費者にとっての価値，すなわち，ベネフィットということになる。

図表３－２－５ 顧客に提供している価値（例）

Q１．百貨店で小売り展開しているお菓子メーカーがお客様に提供している価値は何か？

　お客様が自分でお菓子を楽しむのであれば，コンビニエンスストアやスーパーで売っているお菓子を利用する。

　でも，ギフトには通常コンビニエンスストアやスーパーのお菓子は使わない。

→お客様の多くは大切な方への「贈り物（ギフト）」を買いに百貨店に来ている。

（自家消費用はギフトを贈るためのお試しであって，満足されたら次は大切な方へのギフトになる。または「ご自身へのご褒美」や「ご家族へのギフト」である。）

Q２．では，ギフトとは何か？

（例）日ごろからの感謝の気持ち，お誕生日を祝う気持ち

　ギフト（贈り物）とは→「大切な方へ大切な気持ち」を伝えるための手段である。

　私たちの仕事は，単にお菓子を販売するということではなく，お客様の「大切な気持ち」を伝えるお手伝いをすることである。

　このお手伝いが上手にできて，お客様の気持ちが伝われば，きっとお客様には喜んでいただける。

Q３．では，お客様はなぜ，他の製品，他の会社ではなく，私たちの製品・会社を選んでくれているのか？

　お客様は「大切な気持ち」を「大切な人」に伝えるために「商品」という形で贈り物を贈るために当店をご利用くださっている。ということは「商品」の「品質」がよいことは選ばれるためには当然のことである。

　お客様は「どのような気持ち」を「どのような方」に伝えたいのか？

　それを知った上で，その時，その時で，私たちがお客様のお手伝いができる最善のことは何かを考えて，上手にお手伝いができれば，お客様は私たちの商品を選んでくれるはずである。

　当社がお客様に選ばれているのは，「他社よりも上手にお客様のお手伝いができているから」，「私たちの商品が，お客様の伝えたい大切な気持ちを表すのに適しているから」である。

　それは，私たちが，「お客様の大切な気持ちを真摯に考えながら，商品開発，モノ作りをしてお客様に提供しているから」である。

✎ エクササイズ3

　自社が顧客に提供している価値は何か？　できるだけ数多く列挙せよ。その上で，なぜ，他社ではなく当社を選んでくれているのか，考えてみよ。

　Q1．提供している価値は何か？

　Q2．お客様はなぜ，他社ではなく当社の製品を選んでくれているのか？

(5)　ドメインの設定：どうやって・どのように（HOW）

　ターゲット顧客を明確にし，提供価値を明確にしたら，それをどうやって提供するか？　を考える。競合他社との差別化要素は大きく下記の3つがある。

　① 業務の卓越性：優れた業務プロセスによって，一定品質の商品を最良の価格で提供する。

　② 製品の優位性：優れた企画力によって，常に他社にはない画期的な商品を企画・生産・提供する。

　③ 顧客との関係性：個々の顧客のニーズにきめ細かく対応し，最高の顧客サービスを提供する。

　もちろん，他にも「提供の仕方」はあると思われるが，大きな方向性として，自社はどの「提供の仕方」で他社と勝負をするのかをまずは見極めておく必要がある。次に具体的にどのような提供をしていくと，最もターゲット顧客に伝わりやすいかを考えるとよい。

(6) 4Pを使ったビジョン設定

4Pとはマーケティング要素である，Product（製品），Price（価格），Place（立地，販売チャネル），Promotion（販売促進）の，頭文字をとったものである。ターゲット顧客に対して，この4つのPが「フィット」していないと顧客から受け入れられない。

たとえば，コンビニエンスストアという販売チャネルで車という製品を買おうと思う顧客は少ない。同様に，インターネット通販で何千万円という高級な宝石を買おうと思う顧客も少ない。ターゲット顧客に対して製品と販売チャネルと価格がフィットしていないからである。

先述のドメインの最後の要素，「どのように：HOW」は，より詳細に「どのような価格で，どのような販売チャネルを使って，どのような販促・営業活動で」と分解することができる。

図表3-2-6 4Pによるビジョン設定

4Pによるビジョン	現　状	10年後
ターゲット顧客		
提供する価値 （製品・サービス）		
価格帯		
販売チャネル 立地		
販売促進 営業活動		

図表3－2－7 4Pを使ったビジョン（例）：ドッグ・ガーデン・カフェ

コンセプト		ペットと飼い主が一緒にのんびりと自然の中で遊んで休憩できるカフェ
誰に	メインターゲット	ペットを家族と同じように考えてペットと一緒に過ごす時間を大切にしている人
何を	Products 商品・サービス	ペットと一緒に過ごせる居心地のよい空間・時間・場所 ワンちゃんが自由に遊べるスペース（庭：芝生と土，花） ワンちゃん用のトイレ・水飲み場 飼い主が休めるカフェ（8テーブル×4席）：最大8組 飼い主向けドリンクバー（セルフ方式）
どのように	Price 価格	月額定額会員・予約制（サブスク）：5,000円/月あるいは1回当たりの利用料を1,500円とするか？
	Place 立地・流通経路	東京都23区内，最寄り駅徒歩15分圏内，駐輪場，駐車場が近くにある立地
	Promotion 販売促進	口コミ，紹介推奨，ドッグトレーナー育成の専門学校と提携し相互紹介する，定期的なイベント企画（トイプードル・デイ等）

コラム　売価を上げる方法

　コロナ禍で原材料価格が上がってきており，多くの企業で収益性が落ちているため，値上げをしないと事業継続が困難になってきている。売価を上げると収益構造が最も改善され，損益分岐点比率が改善される（逆に，値下げをすると最も悪化する→価格の感度は大である）が，最も難しいのが値上げであることも事実である。具体的に値上げをする方法をブレーンストーミングでいっぱい出してもらうと，結構アイディアが出てくる。下記はその例である。

① 新商品を開発して適正利益率を確保する価格設定を行う：最も王道の方法であり，付加価値をしっかりと訴求する必要がある。

② 減量して実質値上げを実施する：多くの食品メーカーや飲食店で実施している方法であるが，やりすぎるとお客様が離れていくので注意が必要。

③ 付加価値を高く認めてくれる顧客の新規開拓：これも王道の方法である。同じ製品・サービスを提供しても高く評価してくれる顧客とまったく評価してくれない顧客がいる（たとえば，財務諸表の見方という研修を公認会計士対象に実施してもまったく評価してくれない。しかし，財務・会計が苦手な方を対象にすると同じ内容でも高く評価してくれる）。せっかく労力をかけて提供するのであれば，高く評価してくれる顧客を探すべきである。

④ 新しい価値を付加し，価格に上乗せする：たとえば，卸売業が現状提供している機能・サービス（物流機能，与信機能，在庫管理機能，アフターフォロー機能など）に追加して提供できる機能・価値（購買代行機能，一部メーカー機能，在庫部分納品機能，問題解決機能等）を見出し，提案していく。

⑤ サービスの商品化：今まで無料で実施してきたサービスにしっかりと商品名を付けて，価格を設定する。既存の顧客に対して受け入れてもらうのには時間がかかるが，少なくとも新規顧客に対してはしっかりとメニューを提示すべきである。また，そのサービスを小刻みにすることも1つの工夫である（この逆がサブスクリプション，月額定額サービスである）。

⑥ 価格を時価にする：価格の原則は需要と供給のバランスである。需要が多い時は値上げをすべきである。その発想から，早め，早めに受注を取り，強気の価格設定をするとよい。個別受注生産の建設業や，旅館・ホテル業，観光業界に有効である。早めに受注が埋まっていれば，値下げをする必要がなく，しっかりと残業代を込みにした強気の

価格設定ができる。つまり，「お受けしたいのはやまやまですが，今
は非常に忙しくて，こういう価格と納期であれば対応できるのですが
……」と強い立場で交渉ができるのである。当然，他社の生産能力も
考えた上で，自社に受注が来るように，差別化要素を常日頃から考え
ておかなければならないが……。

3 自社の10年後のポジション・業界地位

要点

☑　5フォースで業界内の力関係を分析する。

☑　業界内で自社が交渉上，競争優位になるための戦略を考える。

　10年後，自社は業界内でどのような存在でありたいのか？　競合他社の10年
後も想像してみる。自社のさまざまな企業体力（規模・質・持久力・瞬発力・
実行力・思考力・創造力）は10年後の競合他社と比較してどのポジションにあ
るだろうか？　どの分野でトンガっていくのか？　バランスを重視するのか？
経営に唯一絶対の正解はない。自分の信念に基づいて，10年後のポジションを
描けばよいのだ。

(1)　5フォースとは

　業界内の立ち位置（ポジション）を分析し，今後のありたい姿を描くとき，
よく使われる分析手法に5フォース（5つの競争要因）がある。

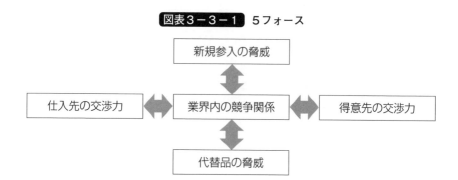

図表３−３−１ 5フォース

業界におけるライバルは既存の競争業者だけでなく，仕入先である原料・資材の供給業者，自社にとっての得意先も競合になりえる。また，自社商品がまったく違う商品にとって代わられてしまう競合もあるし，今後新たな参入業者も競合となる。これらの競合を複合的な視点で把握し，業界内での競争優位の地位・ポジションを確立するためのビジョンを考えるのに5フォース分析は有効である。

(2) 新規参入の脅威はないか

新規参入業者が入ってくることで業界の力関係が大きく変わってしまうことがありうる。全世界的にみて，新規参入業者が入ってくる危険性はないか？それはなぜか？　市場に将来性がないからか？　それとも新規参入するための障壁が高いからか？

たとえば，世界のトップシェア企業が日本市場に参入してくる可能性だってある。常に世界のトップシェア企業の動向を注意深く見ておく必要がある。

また，まったく違う業界の企業が，ビジネスモデルを武器に当業界に参入してくる可能性もある。たとえば，金融業界は規制が厳しいため，新規参入の脅威は弱いと思われがちであるが，規制緩和等でキャッシュリッチな企業の参入が相次いでいる（セブン銀行やイオン銀行等）。

参入障壁の例は，設備投資が多額にかかる，規制が多く参入するのに大変である，規模の経済性が働き新規参入業者は最初から大量生産に踏み切らざるを

得ない，既存企業のブランド認知度が高く新規参入業者は膨大な広告宣伝費を
投入する必要がある，流通を確保するために多額の費用がかかる，等がある。

⑶　代替品の脅威はないか

　まったく違うもので代用できてしまうことで，その製品自体の存在価値が問
われてしまう。恐ろしいことである。たとえば，インスタントカメラがデジタ
ルカメラに変わり，スマートフォンに変わってしまった。同様に，レコードが
CDへ，さらにはダウンロードに変わってしまった。インターネットの普及が
リアル店舗を脅かしている。どんなに小さな芽でも大きな脅威になる危険性が
ある。情報のアンテナを高く持ち，敏感に反応しなければならない。
　また，製品の供給サイドから見たらまったく異なる製品・サービスを提供し
ているつもりでも，消費者側から見れば代替となる可能性もある。たとえば，
会議のために飛行機を利用して移動していた人がTV会議の低価格化と普及に
よって移動しなくなれば，飛行機にとってTV会議システムが代替品である，
といえる。

⑷　業界内の既存の競争関係は激しいか。それとも棲み分けができてい
##　　るのか。それはなぜか

　業界内の既存の具体的なリーダー企業，2番手企業，3番手企業の最近の動
きを見てみる。10年後にはどうなっているか，予測してみる。このために，業
界の市場シェアトップ企業の動向を逐一把握しておく必要がある。参考情報源
は，『業種別審査事典』，上場している同業他社のIR資料（特に決算説明会資料，
有価証券報告書，決算短信，中期経営計画等）である。これらによって市場規
模がわかり，シェアも把握できる。また，自社と同規模の競合他社の動きにも
着目しておく必要がある。参考情報源は，競合企業のHP，業界新聞，組合・
協会情報等である。業界内で自社の立ち位置をどのような位置づけにしたいか，
ありたい姿を考える（例：シェアは低くとも，専門知識面で定評がある，働い
ている従業員がいきいきとしている等）。

(5) 仕入先の交渉力は強いか，弱いか

　需要と供給の関係と取扱企業数，技術力等を比較検討する。自社の主力仕入先の動向を把握する。

　仕入先業界も多岐にわたるので，その業界の特徴やリーダー企業は『業種別審査事典』を見るとよくわかる。業界内の市場シェアトップ企業の動向を逐一把握しておくと自社の交渉力も増してくる。

　仕入先業界が抱えている問題・課題を理解した上で，価格だけでなく，品質・納期についてもニーズを伝え，一緒になって成長して顧客に良い価値を提供できるような関係が望ましいと考える。

　仕入先のほうが交渉力が強くなる場合とは，取扱原料の希少性が高い場合で，その仕入先からしか買えないということがその仕入先にもわかってしまっている場合である。この場合，ほとんど言い値で買わざるを得ないし，ロットや納期も仕入先の要求に従わざるを得ない。

　仕入先と交渉力を対等な関係にするには，その仕入先に対する自社の販売シェアを高くして，運命共同体であるということを認識させることが重要である。仕入先にとって自社のシェアが高くない場合は，取扱原料の代替品を常に探す努力と技術開発が必要である。もちろん，相見積りを取る新規仕入先の探索も常に必要である。海外の仕入先があるが，品質が要求水準に満たないという場合もある。その場合は品質向上のための指導を自社が行う必要がある。

　また，仕入先が自社と同じ分野の製品を製造することがないかどうか，常に確認をしておく必要があるし，仮に参入してきた場合，どう対抗するかもシミュレーションしておく必要がある。

(6) 得意先の交渉力は強いか，弱いか

　需要と供給の関係，取扱企業数，得意先にとってのスイッチングコスト（他の製品に切り替えることの容易さ）等を比較検討する。また，主力得意先の動向を把握する。

　得意先業界も多岐にわたるので，その業界の特徴やリーダー企業は『業種別審査事典』を見るとよくわかる。業界内の市場シェアトップ企業の動向を逐一把握しておくとよい。

　得意先が抱えている具体的な問題・課題を自社が解決できれば，一気に交渉力が増す。

　B to Bの場合，得意先企業が自社が供給している製品を「内製化」することで競合先に変化してしまう。ということは「内製化」されないように防御しておく必要がある。たとえば特許を押さえておくことも必要である。またはブラックボックスを作っておき，簡単にはマネできない要素をちりばめておかなければならない。

(7)　5フォース分析のポイントと10年後の業界内の位置づけ

　5フォース分析のポイントは，それぞれの業界を分析した後，最終的に自社が競争優位に立つためには，どこに注力をすればよいかを客観的に理解することにある。

　そして，10年後には5つの競争要因をどのようにコントロールして，業界内で競争優位に立っているか，ビジョンを描く必要がある。

図表3-3-2　10年後の位置づけ

業界内の競争優位性	・市場シェア ・コア・コンピタンスの明確化
得意先との交渉力	・ターゲット顧客の選定とニーズの把握 ・提供価値を磨く
仕入先との交渉力	・多様な仕入先の確保 ・常に新技術を探索
新規参入への対抗政策	・参入障壁をいかに高く，どこに設定するか
代替品に対する対抗政策	・代替品を取り込むことも検討する

　卸売業や商社の場合，自社を取り巻く経営環境や力関係の把握，今後の動向把握は必須である。図表3-3-3の化学品専門商社の例では，新規参入の脅

威は弱く，既存企業内の競争度合いも弱いが，代替品の脅威は強く，仕入先と得意先の交渉力が強い（一部衰退期にある中堅・中小企業は交渉力が弱いので，与信管理を強化しなければならない）。また，直面する脅威としては，仕入先が大手エンドユーザーに直接取引を提案してきていることである。この化学品専門商社では，自社のコア・コンピタンスを「多メーカーの化学品を自社で組み合わせることによって得意先企業が求める品質を，メーカーよりも早く提供できる専門知識」と位置づけ，徹底的にその分野へエネルギーを投入した。それによって，得意先から「なくてはならない存在」として認知され，直接取引の脅威は解消され，業界内の競争優位性が増すことになったのである。

図表３－３－３ ５フォース（例）：化学品専門商社

【新規参入の脅威】
• 顧客からは高度に専門的な商品知識が求められる。また，メーカーからは与信能力，拡販能力を求められる。既存企業とメーカー，顧客との結びつきが強固なため，新規参入障壁は高い。

【供給業者の動向】
• 化学品メーカーは世界的に再編を繰り返し，規模が拡大してきている。
• 優良エンドユーザーに対しては，商社を通さず，直接取引を交渉している。　強

【既存企業の対抗度】
• 取扱メーカーおよび顧客，ひいては展開エリアによって，暗黙の棲み分けがなされている。したがって，業界内での顧客の奪い合いはさほど多くない。
• 価格決定権は実質的にメーカーが握っており，価格競争はメーカー同士の競争となる。　中立

【買い手（顧客）の動向】　強
[グローバル展開をしている上場企業]
• 海外進出，経営効率の向上，新製品開発強化
[衰退期にある中堅・中小企業]
• 後継者がおらず，廃業，業績悪化に対する生き残り
　弱

【代替の脅威】
• 専門商社が担っている個々の機能（拡販，与信，在庫調整，物流，商品開発支援，リテールサポート，商品購買代行）についての代替企業は常に存在している。　強

エクササイズ4

自社の10年後の位置づけをイメージして策定せよ。

	10年後の位置づけ
業界内の競争優位性	
得意先との交渉力	
仕入先との交渉力	
新規参入への対抗政策	
代替品に対する対抗政策	

4 経営目標（数値目標）の設定

要　点・・

☑ 経営目標は定量的ビジョンであり，基本的なものに絞り込む。

☑ ①売上高，②必要CF（キャッシュフロー），③従業員数，④経営指標をも
とに数値目標を策定する方法がある。

・・

(1) 数値目標の必要性

ドメインや業界内の位置づけが定性的ビジョンならば，経営目標（数値目標）は定量的ビジョンといえる。経営トップ層は経営目標（数値目標）を設定しなければならない。

数値目標がないとビジョンにリアリティが感じられないからだ。リアリティがないと具体的に達成できるかどうか誰しも確証が得られなくなってしまう。

数値目標があるとビジョンが引き締まり，リアリティが増す。ということは実現可能性が高まるということだ。

　なぜ，その数値目標にするのか？　目標水準の根拠，妥当性，納得性を説明しなければならない。目標水準をどこに置くかがポイントである。

　短期目標は必達目標（必ず達成できる水準）にして常に勝ち癖をつけると組織は活性化してくる。短期目標を背伸びした水準にすると従業員が最初から諦めてしまったり，毎月未達が続きモチベーションが下がってしまうことがある。たとえば，前年よりも業績が良いのに，高い目標に届かない場合，「前年を上回ったからといって喜ぶな。目標に届いていないじゃないか。まだまだダメだ」といわれてしまってはやる気が起きない。高い目標を設定したのであれば，経営トップ自らがどうやってそれを達成するか，道筋を示す必要があるし，自ら実行・実現しなければ説得力がない。根性論だけでは誰もついてこないのである。

　次に中長期目標は「ありたい姿・背伸びした数値」でもよいと思う。中長期とは3年，5年，10年位のスパンを指す。

　数値目標は定性的ビジョンをより具体的にイメージするためのものであり，売上高規模，利益水準，人員数，比率等の基本的なものに絞り込むほうがよい。

　数値目標を最終決定するためには，いくつもいくつもシミュレーションを繰り返して試行錯誤することになる。シミュレーションの方法・考え方は大きく図表3－4－1の4つのパターンが考えられる。

図表3－4－1 数値目標策定の4つのパターン

パターン	内　容
①売上高から策定 「上から下へ」	売上高目標を設定してから，付加価値率・固定費目標を差し引いて利益を算出する。 売上高＝数量×単価，前年比○○％アップ
②必要CF（キャッシュフロー）から策定 「下から上へ」	会社が成長していくために必要な投資目標＝CF目標を設定。必要CFから減価償却費を差し引いて経常利益目標を決定する。その経常利益を確保するための売上高・付加価値率・固定費目標を設定する。
③従業員数から策定 「真ん中から上下へ」	従業員の年齢構成から今後の社員数を予測し，補充するかどうかを決定する。次いで1人当たり人件費目標を決定し，労働分配率を○○％に抑えるための付加価値目標を決定する。最終的には付加価値目標を達成するための売上高，固定費目標を決定する。
④ROA・ROIC等の経営指標から策定	資産効率を高めるための経営指標の目標をまず決める。それを達成させるための売上高，経常利益目標に，総資産目標を加えて策定する。今後の設備投資目標を明確にする。

(2)　売上高から目標を策定

　最もオーソドックスで簡単かつ馴染みやすい方法である。ただ，単に売上高と売上高経常利益率を目標とするのではなく，損益分岐点比率の引下げを狙いたいものである。

　たとえば，現状は損益分岐点比率が90％のため，売上高が10％落ちてしまうと経常利益がなくなってしまうとする。そこで，損益分岐点比率を80％に引き下げるためのシミュレーションを行う。

図表3-4-2 売上高から数値目標を策定するパターン

(単位：百万円，%)

	現　状	売上高見込	固定費削減	付加価値率改善
売上高	1,000	1,050	1,050	1,050
変動費	700	735	735	725
付加価値	300	315	315	326
固定費	270	270	260	260
経常利益	30	45	55	66
付加価値率	30%	30%	30%	31%
損益分岐点比率	90%	86%	83%	80%

- 変動費：売上高に比例する費用（売上原価，材料費，外注加工費等）。
- 固定費：変動費以外すべて。売上高に比例しない費用。
- 付加価値：売上高－変動費，企業が付加した価値。
- 損益分岐点比率：固定費÷付加価値，企業の収益構造を要約した指標。低ければ低いほど，安定した収益構造（なかなか赤字になりにくい）であるといえる。

　まず，売上高を得意先別に積み上げると前年比105％までは可能であったとする。しかし，それではまだ損益分岐点比率が86％なので，次に固定費削減案を全社的に募集し，10百万円の削減が可能となった。しかし，そのときの損益分岐点比率はまだ83％で，目標に届いていない。そこで，最後に付加価値率をどこまで改善すればよいか，シミュレーションをしてみる。このケースでは，1％付加価値率を改善すると損益分岐点比率が80％になった。

　ちなみに，付加価値率を改善する一般的な方法は下記のとおりである。

- 販売単価を上げる（いわゆる値上げ）。
- 仕入単価を下げる。
- ロスを減らす。
- セールスミックス（プロダクトミックス）を見直し，利益率が高い製品の売上・製造構成比を高める。

(3)　必要キャッシュフローから目標を策定

　資金調達のうち，借入金の割合が高い場合は，まず，借入金総額に対する返

済能力（借入金総額÷返済可能CF）のバランスを考慮しなければならない。
たとえば，現状は借入金総額が500百万円，直近のキャッシュフローが50百万
円ですべて借入金の返済に回ってしまい，必要な設備投資ができないとする。

　この場合の借入金総額に対する返済能力は10倍となる（500百万円÷50百万
円）。言い換えると現在の借入金総額を現在の返済金額で返済した場合，10年
間で完済できるということである（借入金償還年数ともいい，業種にもよるが
10年以内程度に抑えておきたい）。

　必要な設備投資が30百万円で借入金返済が50百万円必要となり，確保しなく
てはならないキャッシュフローの金額が80百万円と見積もられたとして，シ
ミュレーションを行う。

図表3－4－3 必要CFから数値目標を策定するパターン

（単位：百万円，％）

	現　状	必要経常利益	必要付加価値	必要売上高
売上高	1,000			1,100
変動費	700			
付加価値	300		330	330
固定費	270		270	270
うち減価償却費	20	20	20	20
経常利益	30	60	60	60
付加価値率	30%			30%
キャッシュフロー(注)	50	80	80	80

（注）キャッシュフロー：経常利益＋減価償却費

　必要キャッシュフローが80百万円で来期の減価償却費も現状と同じく20百万
円だとすると，必要経常利益は80－20＝60百万円と求められる。

　次に，固定費が現状のままだったとすると，必要付加価値は60＋270＝330
百万円と求められる。

　最後に，付加価値率が現状と同じく30％とすると，必要売上高は330÷30％
＝1,100百万円と求められる。

　実際に，売上高110％の具体的方策が立てられるか？　利益率は現状の30％を維持できるか？　固定費は現状と同じ金額で増加はないか？　を検証し，最終的な経営目標を確定させる。

⑷　従業員数（要員計画）から目標を策定

　部門別の年齢構成・勤続年数・スキルを考慮して，今後の要員をどうするかを考えてから目標を設定するパターンである。実務上は最もよく使う目標設定のパターンであり，従業員にも説明しやすい。

　たとえば，現状は従業員数が30人だが，将来的には35人に拡大していきたいとする。現状は経常利益が０だが，将来は利益計上しつつ，従業員１人当たり人件費も５百万円から５％アップさせたいと考えている。特に，労働分配率が60％と高いので，付加価値を高めて，労働分配率を55％に抑えていきたい。

図表３－４－４ 従業員数から数値目標を策定するパターン

（単位：百万円，％）

	現　状	要員計画	労働分配率目標	必要売上高
売上高	1,000			1,336
変動費	750			
付加価値	250		334	334
固定費	250		284	284
うち人件費	150	184	184	184
経常利益	0			50
付加価値率	25%			25%
従業員数	30	35	35	35
労働分配率	60%		55%	55%
労働生産性	8		9.5	9.5
１人当たり人件費	5.0	5.25	5.25	5.25

- 労働分配率＝人件費÷付加価値，付加価値を人件費にどれくらい分配したか，を示す。
- 労働生産性＝付加価値÷従業員数，１人当たりの付加価値。従業員１人ひとりが付加した価値であり，労働生産性が伸びていると質的に企業が成長している，ということがいえる。

　要員計画で今後，従業員を５名採用していくことが決定され，１人当たり人

件費を105％に上げていく。

　よって人件費＝人数×１人当たり人件費で求められる（184＝35×5×1.05）。

　次に，労働分配率を現状は60％だが，55％に抑えるという目標とすると，労働生産性＝１人当たり人件費÷労働分配率で求められる（9.5＝5.25÷55％）。

　労働生産性が求められると，付加価値＝労働生産性×従業員数で求められる（334＝9.5×35人）。

　人件費以外の固定費が変わらないとすると，付加価値目標から固定費目標を差し引いて経常利益目標が50百万円と算出される（334－284＝50，284＝250＋34：人件費増額分）。

　また，付加価値率目標が現状と変わらない場合，売上高目標＝付加価値÷付加価値率にて求められる（1,336＝334÷25％）。

　この目標設定の際は，１人当たり人件費を上げつつ，損益分岐点比率を下げることがポイントになる。そのためには労働分配率を一定率以内にコントロールする必要がある。そのためには１人当たり付加価値＝労働生産性を高めることが必要である。

　従業員に上記のことを繰り返し繰り返し説明することで，目標設定の根拠が腹に落ちれば，従業員の目標に対する執着心が強くなり，目標達成の確度が高まるので有効である。

⑸　ROA・ROIC等の経営指標から目標を策定

　上場企業がよく設定している目標の１つに，ROA（Return on Asset：総資産経常利益率）がある。貸借対照表は総資本＝総資産と貸借がバランスしているため，総資産経常利益率は総資本経常利益率とも言い換えることができる。すなわち，株主からの資金調達に限らず，金融機関からの借入金も含めた総資本（＝総資産）を使っていかに経常利益を稼いだか，という経営者の経営手腕が問われる指標で，「利回り」を表している。経常利益は企業の総合的な収益力を表す利益であり，特別項目を考慮していないことから，経常状態（通常の状態）での経営成績を表しているといえる。企業によっては，本業の収益力を

表す営業利益を使ってROAの目標を設定している場合も多い。ROAは高ければ高いほどよいが，目安はざっくりと5％〜10％である（100万円を投資して，リターンが5万円〜10万円ということ）。

・総資本経常利益率＝$\dfrac{経常利益}{総資本}$

・ROA：Return On Assets ratio

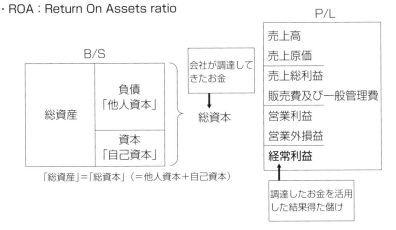

ROAは，図表3−4−5のとおり2つの要素に分解できる。

図表3−4−5 ROAの分解

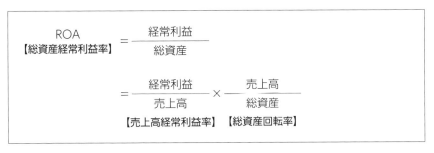

ａ．売上高経常利益率（％）

損益計算書の効率性を示す。収益構造の改革によって高めることができる。

ｂ．総資産回転率（回転）

総資産回転率（ATO（Asset Turn Over））は総資本回転率ともいい，調達

してきた資本（総資本）を資産に使って，何回，売上高になったか，という資産の効率性を表す。工場設備の稼働率の概念に近いイメージである。回転数が高ければ高いほど，お金の使い方が上手であるといえる。業種によって異なり，たとえば資産を多く使用する鉄道業，電力会社，ガス会社，鉄鋼会社等は1回転未満だが，資産を持たない人材派遣業等は2回転以上になる。一般的なメーカーは1回転～2回転が多い。

図表3－4－6 総資産回転率のイメージ

売上高

現預金	現金・当座預金・普通預金・定期預金
売掛債権	売掛金・受取手形
商品・製品	外部から仕入れた商品・自社で製造した製品
仕掛品	自社で製造途中で未完成の状態の製品
原材料	原料・副資材（包装資材等）
その他流動資産	仮払金・短期保有の有価証券等
有形固定資産	土地・工場・機械・車両等
無形固定資産	ソフトウェア・施設利用権・営業権等
その他投資	長期保有有価証券・敷金・保証金等
総資産	上記合計

　総資産回転率はさらに，流動資産回転率と固定資産回転率に分解される。

　流動資産回転率はさらに現預金回転率と売掛債権回転率と棚卸資産回転率に分解される。総資産回転率は分解して時系列で比較することで，どの資産の回転（動き・稼働）がよくなったか悪くなったかが明確になってくる。

　筆者は，「このお金の支出は売上につながるか？」という視点で，資金運用＝貸借対照表の資産を見ている。たとえば，いくら現預金をいっぱい持っていたとしても，売上高にはつながらない。ほかにも，不稼働資産（遊休不動産や遊休機械設備，長期滞留在庫，長期滞留売掛金）や投機目的の資産は売上につながらないので，売却するか賃貸するか，現金化して売上高につながる本業にお金を使うべきである。

　総資産回転率は単純に高ければよいというわけではない。たとえば，設備が老朽化しているのに改装や修繕をせずにいると，減価償却が進むので総資産回転率は高くなる。しかし，現場の生産性は低くなっていたり，顧客に不満足を与えてしまっている場合もある。健全な設備投資をすることで売上増加につながるか，という視点で検討すべきである。

　ROAは分母に総資産を使用するが，総資産には上述のように本業の利益を生み出すことに貢献していない余剰預金や不稼働資産が含まれているため，厳密な意味での事業の収益性を示していないという欠点がある。そこで，事業の厳密な収益性を表す指標として投下資産利益率（ROIC（Return On Invested Capital，ロイックと呼ぶ））があり，多くの上場企業が経営目標にしている。

　ROIC＝税引後営業利益÷事業投下資産

事業投下資産：運転資本＋固定資産

営業利益を直接生んでいるのは事業投下資産のみ

税引後営業利益　←対応→　事業投下資産　有利子負債

事業活動の結果得られた税引後営業利益に対して，純粋な意味で事業に投下され営業利益を生み出した資産（事業投下資産）だけを対応させる。

⇒事業の本当の収益性

株主資本

非事業用資産

営業利益を直接生んでいない

図表３－４－７ ROICの分解

$$\text{ROIC【投下資産利益率】} = \frac{\text{税引後営業利益}}{\text{事業投下資産}}$$

$$= \underbrace{\frac{\text{税引後営業利益}}{\text{売上高}}}_{\text{【税引後営業利益率】}} \times \underbrace{\frac{\text{売上高}}{\text{事業投下資産}}}_{\text{【事業投下資産回転率】}}$$

　税引後営業利益＝営業利益－みなし法人税等となり，実効税率を30％と仮定すると，税引後営業利益＝営業利益×70％とざっくりと計算できる。また，運転資本＝売掛債権＋棚卸資産－買掛債務である。

　ROICも高ければ高いほどよいが，少なくとも資金調達コストを上回っている必要がある。ROICはセグメント・事業別に把握することで事業戦略策定に使われている。

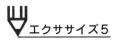
エクササイズ5

自社の経営目標（数値目標）を策定せよ。

	実績	短期目標	中長期目標
売上高			
材料費			
外注費			
変動費計			
付加価値			
労務費			
販管人件費			
人件費計			
減価償却費			
その他経費			
経費合計			
営業利益			
営業外収益			
営業外費用			
経常利益			
特別利益			
特別損失			
税引前当期純利益			
法人税等			
当期純利益			
みなし法人税等（30％）			
税引後営業利益			
減価償却前営業利益：CF			
固定費（経費合計－営業外収益＋営業外費用）			
付加価値率			
損益分岐点比率			
労働分配率			
従業員数			
労働生産性			
1人当たり人件費			
総資産			
事業投下資産			
ROA			
ATO			
ROIC			

コラム　　付加価値分配の考え方

　筆者は，特に上場企業の方を対象にした財務分析の講義では，必ずROE（自己資本当期純利益率）を紹介してきた。上場企業ではROEは重要な指標であることは間違いないのだが，あくまでも資金提供者としてのステークホルダーの１人である株主からみた利回りであることは強調しておきたい。中堅中小企業の場合，オーナー企業が多いので社長が大株主であることが多く，なかなか株主に配当金を出せる企業が少ない。そのため，ROEはほとんど重視していない。

　筆者は，得意先，仕入先，協力会社，従業員，銀行，税務署，株主，地域社会というステークホルダーに対し，現在の損益計算書，貸借対照表，キャッシュフロー計算書では経営の大きな方針を説明できていないという問題意識を持っていた。そこで，損益計算書とキャッシュフロー計算書から，付加価値をどのステークホルダーにどれくらい分配しているかを見ることで，経営者が最も重視しているステークホルダーが浮き彫りになるのではないかと考えた。

　そこで作成してみたのが，下記の付加価値分配計算書である。この企業は付加価値を従業員に32％分配し，次いで法人税等に19.2％分配している。つまり，国や地域社会へ納税を通じて貢献していくという強い意志が感じられる。無借金の優良企業のため，銀行への分配がなく，次が株主配当となる。気になるのは，将来への投資である設備投資への分配が少ないことである。もう少し中長期的な視点で設備投資への分配を増やす必要があるのではないだろうか？

付加価値の分配の推移：千円	1期	2期	3期	4期	5期	累計	
売上高合計：得意先が認めた価値	526,846	587,095	551,842	538,133	755,174	2,959,090	
材料費：仕入先が付けた価値	70,106	72,395	65,261	65,811	99,234	372,807	
外注費：協力会社が付けた価値	14,516	15,261	13,006	13,692	19,443	75,918	
変動費計	84,622	87,656	78,267	79,503	118,677	448,725	
付加価値概算：自社が付けた価値	442,224	499,439	473,575	458,630	636,497	2,510,365	100%
人件費概算（従業員へ分配）	137,885	167,608	154,845	146,800	195,594	802,731	32.0%
その他ランニングコスト	6,872	7,675	33,104	27,517	14,237	89,406	
減価償却前営業利益：CFに転換	297,467	324,156	285,626	284,313	426,666	1,618,228	
法人税等（国へ分配）	88,264	93,713	82,129	89,305	127,880	481,291	19.2%
設備投資（将来への投資）	6,770	7,361	8,243	4,358	6,162	32,894	1.3%
借入金返済＋支払利息（銀行への分配）	0	0	0	0	0	0	0%
株主配当（株主への分配）	15,158	18,189	24,252	48,505	48,505	154,609	6.2%

第4章

戦略策定
ビジョンの達成のための方法を考える

1 戦略の基本

要　点

☑ 戦略の基本は，①全社戦略，②事業戦略，③機能分野別戦略である。

☑ 戦略の基本発想は「選択と集中と分散」である。

「戦略」（Strategy）とは戦争用語である。戦争には必ず「目的：狙い」があり，「相手」がいる。企業経営における「目的：狙い」と「相手」は誰か？

企業経営における「目的：狙い」は根本的には「経営理念の達成」であり，中長期的には「ビジョンの達成」に他ならない。したがって，戦略とは「経営理念の達成のため，ビジョンの達成のため」，「相手」にどのような手を使って対応していくかを考えることである。

孫子が正にいっているとおり，「戦わずして人の兵を屈するは，善の善なるものなり」，「彼を知り己を知れば，百戦危うからず」。相手をよく知り，己をよく知った上で戦わずして企業を存続させていくことが経営の王道である。

経営戦略は基本的には下記の３つがあり，基本的な発想は「選択と集中と分散」である。

① 全社戦略：ドメインの設定（第３章参照）。

② 事業戦略：事業別に競合戦略，得意先戦略，仕入先・協力会社戦略が考えられる。

③ 機能分野別戦略：保有する機能の長期的な方針を示す。

図表４−１−１ 経営戦略の基本

| 経営戦略 | 全社戦略 | 事業ドメイン：誰に何をどのように
自社の存在意義：自社の提供価値 | 機能分野別戦略
1. R&D戦略
2. マーケティング戦略
3. 生産戦略
4. 人事組織戦略
5. 財務戦略 |
| | 事業戦略 | 1. 競合戦略
2. 得意先戦略
3. 仕入先・協力会社戦略 | |

　さらに，業種ごとに重点戦略が異なる。

2 事業戦略

要　点 ....

☑　事業戦略は，①競合戦略，②得意先戦略，③仕入先・協力会社戦略に分けられる。

☑　競合戦略では「差別化」の視点が重要である。

....

　事業戦略は，事業別に戦略の対象相手を誰に置くかによって下記の3つに分けられる。

(1)　競合戦略

(2)　得意先戦略

(3)　仕入先・協力会社戦略

図表4-2-1 事業戦略の体系

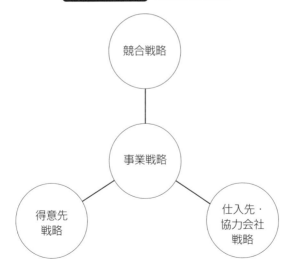

⑴ 競合戦略：ライバル企業の設定と差別化要因の明確化

われわれは明確なライバルを設定しているだろうか？　戦略的思考とは，具体的なライバル企業を設定し，そのライバル企業の動き，戦略を予測した上で，勝つための方策を考えることである。相手の出方を数パターン想定し，それに対抗するための自社の対抗策を用意しておかなければならない。具体的なライバル企業を想定せずに立案した戦略は，単なる思い込みにすぎない。ライバル企業は，あなたの会社のことを徹底的に研究しているかもしれないのだ。

まず，業界内における自社のポジションによって戦略の定石が異なってくる。

図表4－2－2 業界のポジショニングによる戦略の定石

タイプ	ポジション	基本戦略	ポイント
リーダー	市場シェア1位	・市場規模の拡大 ・全方位型の事業展開	・市場・顧客創造 ・非価格対応
チャレンジャー	リーダーに次ぐ市場シェア2位	・革新的差別化	・リーダーが模倣できない独自の仕組み
ニッチャー	特定の市場内でのシェア1位	・特定市場への集中 ・大手との競争回避	・自社の強みを活かす市場セグメントの形成
フォロワー	特に独自性なし	・優れた戦略の模倣 ・経営の効率化	・開発コストとリスクを徹底的に回避

① リーダーがとるべき戦略

業界シェア1位であるため，シェアを維持するというよりも新たな市場を創造し，いち早くシェアを確保していくべきである。同業他社が新商品で参入してきた場合は，同様の商品を投入して防御することが効果的である。市場を創造するためには，新しい顧客を開拓する方法と現在の製品の用途開発をする方法がある。市場創造期においては，リーダー企業しか存在しないため，新規需要拡大化に向け，本質的な機能訴求・重視の戦略が求められる。

②　チャレンジャーがとるべき戦略

チャレンジャーに求められるのはリーダーの模倣ではなく，競争ステージの転換であり，違う切り口で顧客へアピールすることである。そもそもチャレンジャーが現れてくるのは市場発展期において，既存のリーダー（市場創造企業）がいるときからである。もちろん，模倣戦略も考えられるがそれだけではリーダーに勝つことはできない。差別化要素を徹底的に追求する必要がある。

③　ニッチャーがとるべき戦略

ニッチャーは正にリーダーやチャレンジャーが行わないような特定の「すきま」を狙って集中化する戦略である。しかし，集中特化して需要が拡大してくると，リーダー，チャレンジャー等の競合企業が模倣・同質化をしてくる。そこで参入障壁を築いて防御することがポイントとなる。ニッチャーは市場が成熟し安定期に入った頃に現れ，対象市場を徹底的に絞り込んで，そこに独自の経営資源を投入することで特定市場内でのリーダーとなりうるのだ。

④　フォロワーがとるべき戦略

フォロワーはリーダーの模倣で何とか生き残ってきたが，基本戦略が低価格対応のため，成熟産業・市場では生き残りが困難となってきた。そこで，チャレンジャーかニッチャーの戦略をとって生き残る道を模索すべきである。

競合戦略で重要な発想は競合他社との「差別化」である。

図表4－2－3 差別化要素

差別化要素「小」	差別化要素「中」	差別化要素「大」
同質的競争	顧客満足度の向上	顧客価値の創造
経営資源の投入量の大きさで勝負。	商品・サービスのコンセプト，売り方やチャネルを顧客に応じて変える。	商品・サービスのコンセプト，売り方やチャネルを創り上げる。

　差別化要素が小さい場合，同質的競争にならざるを得ない。この場合は経営資源が豊富な企業が有利になる。差別化要素が「中」の場合は，いかに顧客満足を向上させるかが，競争のポイントになる。4Pの視点で製品自体を見直したり，販売チャネルの変更，プロモーションの変更等による差別化が考えられる。差別化要素が大きい場合は，これまでにない価値を顧客に提供することになるため，一から製品コンセプト，売り方，販売チャネルを創り上げていくことになる。

　また，競合戦略は図表4−2−4のようなパターンが考えられる。

図表4−2−4 競合戦略のその他のパターン

パターン	内　容
①正面攻撃	弱者に対する強者の戦略。競争相手に対してすべての面で経営資源を大量に投入して攻撃する。
②限定攻撃	競争相手を全面戦争に巻き込まないように，限定した分野で攻撃する。
③包囲攻撃	自社陣営に協力する企業を引き込む戦略。業界の主導権を形成するために用いる。
④協調・模倣・追随	競争企業と対抗せず，良い関係を維持し，強者を追い抜かすことはしない。
⑤非競争（棲み分け）	強者が魅力と感じない隙間（ニッチ）をターゲットとする。
⑥撤退	事業継続の意義がなくなった場合，撤退する。

コラム　　ポジショニング・マップの活用

　競合戦略で差別化要素を明確にする際に非常に有効なフレームワークが「ポジショニング・マップ」である。これまでも本書の中でたびたび登場してきているが，簡単な割に発想が思い浮かんでくるフレームワークなのでお薦めである。まず，縦軸と横軸に差別化要素を記入して，自社および競合企業をポジショニングしていく。

例：洋菓子製造販売業のポジショニング・マップ

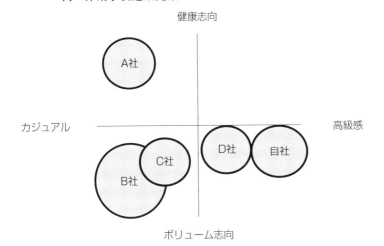

　上記の例では，D社と競合しているので，軸を変えてD社との差別化要素をさらに深掘りしていくとよい。また，右上の象限にはどの企業もポジショニングされていない，ということは，まだ誰も参入していないブルーオーシャン市場である可能性がある。ポジショニング・マップはこのように，競合との差別化要素を明確にするだけでなく，新市場創出にも役立つフレームワークである。

　軸を設定する際，2軸が強い相関関係を持ってしまうとうまく差別化要素が明確にならないので注意が必要である。たとえば，縦軸に品質，横軸に価格を設定すると，高品質の製品は高価格になり，低価格の製品は低価格になるため，多くの企業が高品質・高価格か低品質・低価格に集中してしまう結果になる。また，低品質なのに高価格，はありえないので，空白の地帯になってしまう（ブルーオーシャンではない）。

　とにかく，悩みながらも軸を何度も何度も変えてみて，納得がいくまで試してみるとよい。

(2) 得意先戦略

　企業が顧客の場合，一般消費者と違い，利益を求めてくる。そして，顧客企業の要求（たとえば値下げ要求）が厳しいと，自社の利益が出ないような場合が出てきてしまう。筆者は顧客満足の充実は重要ではあるが，それはお互いに適正利益を確保することができることが大前提であると考える。

　すなわち，得意先戦略は「それぞれが目指すべき目標をお互いに認め合い，認識した上でお互いの役割を果たし，利益・メリットを配分しあえる関係」を構築し，永くお付き合いをすることを目的とする。

　得意先戦略の構築のステップは図表4－2－5のとおりである。

図表4－2－5 得意先戦略構築ステップ

ステップ1	得意先のことをよく知る。 （例：得意先の経営理念，大切にしている価値観等）	自社のことを得意先へよく伝える。 （例：自社の経営理念，大切にしている価値観等）
ステップ2	共通の価値観を見出す。	
ステップ3	得意先が自社に要求していることを把握する。	得意先が困っていること，不満・不安に思っていることを知る。
ステップ4	自社が得意先に対して，お役に立てることを考える。	
ステップ5	価格・回収条件・納品条件等の条件交渉をする。	

　まずは，お互いのことをよく知ることから始まり，今後末永くお付き合いしていける相手かどうかを見極めることが重要である。次いで，得意先が困っていること，望んでいることを把握して，自社ができることを考える。最後に，諸々の条件の交渉を行う。

① お客様をよく知る。自社のお客様は誰か

　顧客満足を考えるならば，まずは，自社のお客様が誰なのか？　を正確に知ることが重要である。小売業やサービス業なら，お客様と対面し，正にお客様が誰なのか，どんな反応をしているのか，日々わかる。しかし，B to Bの場合，

エンドユーザーの顔が見えず，対面している小売業の企業等から間接的にエンドユーザーの反応を知るしかない。そこで，まずは，対面している得意先企業のことをよく理解する必要がある。

　得意先企業の把握は図表4 - 2 - 6のような「得意先カルテ」の作成が効果的である。そして，その得意先の「経営理念」，「大切にしている価値観」，「経営目標」，「社是・社訓」を把握しておきたいものである。

エクササイズ1

　得意先の「経営理念」または「大切にしている価値観」，「経営目標」，「社是・社訓」を把握しているか？

　最重要得意先の経営理念，大切にしている価値観，経営目標，社是・社訓を記載せよ。

経営理念	
大切にしている価値観	
経営目標	
社是・社訓	

図表4−2−6 得意先カルテ記載例

1	会社名	A産業	
2	業種	建設工事業	
3	業種特性	成長産業　(成熟産業)　　　　　　(景気連動型)・非連動型 (人口動態連動型)　非連動型　　(伝統事業)　新興事業 (規制産業)　自由競争型　　　　　個別受注生産型	
4	業歴	40年	
5	代表者名	森　正和（60歳，社長歴20年）	
6	後継者名	林　綾男　30歳（営業）入社後5年	
7	従業員数	42名：高齢者が多い	
8	事業所	4箇所（東京本社，東北，近畿，九州）	
9	関連会社	B商事：ペーパーカンパニー，販売会社	
10	企業特性	(内需型)・輸出型　　　　　　　全国展開型・地域限定型 拠点分散型・(拠点集中型)　　　(本業集中型)・兼業型 (労働集約型)・設備集約型　　　(独立型)・下請型 保有機能：営業・工事管理・工事・設計・総務 港湾工事・橋梁工事・公共土木工事に強み 専属下請外注5社保有	
11	顧客特性	大手ゼネコン・官公庁中心 港湾工事ゼネコン多い	
12	販売チャネル	直接受注形式	
13	営業方法	ゼネコンOB営業担当者による人間的アプローチが主	
14	技術特性	工事：静か・早い 港湾工事：有機物質を含む建材の処理が適切 港湾・橋梁・高架橋撤去・改良工事の実績が多い	
15	業績	売上高（年商）　8,000百万円 利　益　100百万円 資本金　15百万円　主要株主：社長60%	

　得意先企業の概要，大切にしている価値観がわかっただけでは得意先との信頼関係は構築できない。あわせて自社の経営理念・大切にしている価値観を得意先に伝える必要がある。

　そして，得意先と自社とで，経営理念・大切にしている価値観等を見比べて，共通の価値観を見出すことがポイントである。

②　得意先のニーズの把握

　得意先のことをよく知ったら，経営環境の変化が顧客・得意先に与える影響を想像して，顧客・得意先が置かれている立場を想像し，困っていること，ニーズを具体的に想像してみる。そこに自社の製品・サービス開発のネタが存在するのだ。

　たとえば，得意先企業が喜ぶのはどのようなときなのか，具体的に把握しておく必要がある。もちろん，得意先にストレートに聞いてみてもよい。

エクササイズ2

　Q1．お客様は私たちがどのような行動・言動をしたときに喜ぶか？

　Q2．また，逆にお客様が激怒するのはどのようなときか？

　Q3．それをきちんと把握しているか？　社員間で共有化しているか？

　Q4．お客様が喜ぶことをもっと行うためにどのような工夫をしているか？

　Q5．お客様が激怒することをやらないように惜しみなく努力しているか？

1．お客様が喜ぶとき	
2．お客様が激怒するとき	
3．社員間で1，2を共有化しているか？	
4．お客様が喜ぶことをもっと行うためにしている工夫	
5．お客様が激怒することをやらないような努力	

図表４−２−７ お客様が喜ぶとき（例）

消費者が喜ぶとき	・消費者が欲しい商品（デザイン性，機能性，品質面）を適正価格で提供できたとき。 ・お客様が探していた商品を提案できたとき。 ・商品の良さをお客様に伝えられたとき。
ニーズ対応で得意先が喜ぶとき	・得意先が欲しい商品を企画し，希望コストで納期通りに提供，納品できたとき。 ・商品に魅力があり，得意先の売上・利益に貢献できたとき。 ・得意先が期待する以上の対応をしたとき。 ・当たり前のことを当たり前のようにできたとき。
営業姿勢で得意先が喜ぶとき	・得意先の立場に立って，共に考えるとき。 ・細かく商品のフォローをしたとき。 ・営業担当者の価格決定権が大きく，即断したとき。 ・無理難題も可能な限り対応し，代替案の提案をしたとき。 ・得意先と一緒になってモノを作り，提供していくという姿勢を示したとき。

図表４−２−８ お客様が怒るとき・失望するとき（例）

得意先ニーズ未対応	・納期等約束を破ったとき。 ・入出荷ミスがあったとき。 ・商品に欠陥があったとき。 ・生産ロットに応えられず，欠品してしまったとき。 ・頼まれたことに対応できなかったとき。
営業姿勢	・レスポンスが遅いとき。 ・自社の営業マンのやる気がみられないとき。 ・協力感のない対応をしたとき。 ・商品への情熱がないと感じられたとき。 ・融通の利かない対応をしたとき。

　得意先が喜ぶことを大いに実行し，得意先が怒ることはやらないように心がける。

　得意先を理解し，得意先のニーズを把握したら，考えられる戦略を１つ〜３つ程度考えてみる。そしてそれぞれの戦略のメリット・デメリットを明確化しておくとよい。

図表4-2-9 戦略オプション（例）

オプション項目	A案	B案	C案
ターゲット顧客	既存顧客X，Yを深掘り	新規顧客開拓	Cクラス既存顧客撤退かつ新規顧客開拓
製品	X，Y社向け高級商品を重点展開	新規顧客との共同開発による新商品構築	既存製品のS&B，保守サービスを取り込む
価格戦略	高機能＝高付加価値＝高価格戦略	値頃感ある価格設定	既存製品：低価格保守サービス：高価格
営業方法	提案商品を標準化し，効率的な提案営業	ソリューション提案型	量も質も重視
プロモーション	イベント，キャンペーン	新規顧客ニーズ収集	代理店活用
戦略タイトル	既存顧客密着&効率展開	新規顧客へのソリューション営業	顧客の選別（S&B）

⑶　仕入先・協力会社戦略

　仕入先・協力会社から得意先へ製品を提供するまでの間で受発注や在庫，販売，物流などの情報を共有し，原材料や部材，製品の流通の全体最適を図るサプライチェーンマネジメント（SCM：Supply Chane Management）が重要になってきた。3.11の東日本大震災の際，多くの部品メーカー，素材メーカーの工場が被災し，完成品メーカーの工場の稼働がストップしてしまったことは記憶に新しいところだ。また，製品の品質についても自社内だけの品質管理の問題ではなくなり，仕入先や協力会社における品質管理についても責任を問われる時代になってきた。

　仕入先や協力会社を真のパートナーとして信頼関係を構築しているだろうか？

　仕入先や協力会社の経営理念・ビジョンを把握しているだろうか？　自社の理念・ビジョンを彼らと共有してきただろうか？　仕入先・協力会社の本当の強みを知っているか？　能力をいかんなく発揮してもらっているだろうか？

新しい仕入先や協力会社を発掘しているか？　仕入先や協力会社は重要な経営資源なのだ。

　仕入先・協力会社戦略の構築のステップは図表4－2－10のとおりである。

図表4－2－10 **仕入先・協力会社戦略構築ステップ**

ステップ1	仕入先・協力会社のことをよく知る。（例：仕入先・協力会社の経営理念，大切にしている価値観等）	自社のことを仕入先・協力会社へよく伝える。（例：自社の経営理念，大切にしている価値観等）
ステップ2	共通の価値観を見出す。	
ステップ3	仕入先・協力会社が自社に期待していることを把握する。	自社が仕入先・協力会社に期待すべきことを明確にする。
ステップ4	自社と仕入先・協力会社が協働で得意先・顧客のお役に立てることを考える。	
ステップ5	価格・支払条件・納品条件等の条件交渉をする。	

① **仕入先・協力会社のことをよく知る**

　重要な仕入先・協力会社について，図表4－2－11，4－2－12のような取引先カルテおよび協力工場管理基本シートを作成し，組織内で共有化するとよい。

図表4－2－11 取引先カルテ

1	会社名		
2	業種		
3	業種特性	成長産業・成熟産業	景気連動型・非連動型
		人口動態連動型・非連動型	伝統事業・新興事業
		規制産業・自由競争型	
4	設立・業歴	年	
5	代表者名	年齢　　社長歴　　年	
6	後継者名	年齢　　入社後　　年	
7	従業員数	名	
8	事業所		
9	関連会社		
10	企業特性	内需型・輸出型	全国展開型・地域限定型
		拠点分散型・拠点集中型	本業集中型・兼業型
		労働集約型・設備集約型	独立型・下請型
		保有機能：企画・開発，製造，営業，物流，小売，管理	
11	顧客特性		
12	販売チャネル		
13	販促方法		
14	製品特性		
15	業績	売上高（年商）　　　百万円	
		利　益　　　百万円	
		資本金　　　百万円　主要株主	

主力仕入先，協力会社について作成し，適宜見直しを行うとよい。

図表4－2－12 協力工場管理基本シート

1. 工場名・所在地	
2. 取引開始年月日	
3. 工場責任者	
4. 従業員数・年齢構成・特徴等	
5. 保有設備	
6. 製造技術の強み	
7. 品質	
8. 納期管理	
9. 在庫管理	
10. 工場長の考え方・方針	
11. 工夫している点	
12. コストダウンの余地	
13. 当社以外の取引先	
14. その他特記事項	

　積極的・定期的に仕入先メーカーの工場を訪問し，品質面の確認やコストダウンの余地，生産能力と稼働率について把握しておくとよい。

　同様に，積極的・定期的に協力会社の工場を訪問し，協力会社の従業員のスキルマップを作成し，計画的な人材育成と技術習得を目指すとよい。

②　仕入先・協力会社が自社に期待していることの把握と，自社が期待すべきことの明確化

　それぞれ，年に最低一度は訪問し，自社の経営理念やビジョンを説明し，共有化を図っておくとよい。仕入先が卸・商社であるか，メーカーであるかによって自社に期待することが異なってくる。図表4－2－13は，一般的にそれぞれが自社に期待してくることと，自社が期待すべきことの例である。

図表4－2－13 自社に期待することと，自社が期待すべきこと

卸・商社が自社に期待していること（推定）	①拡売，②顧客ニーズの吸い上げとフィードバック，③与信管理・リスク分散
自社が卸・商社に期待すべきこと	①市場情報提供，②当社の問題解決，③在庫調整機能の発揮，④一部製造機能，⑤物流機能，⑥購買代理機能の発揮
仕入先メーカーが自社に期待していること（推定）	①購入量の増加，②顧客のニーズの吸い上げとフィードバック，③生産能力を理解した上での発注
自社が仕入先メーカーに期待すべきこと	①顧客の問題解決につながる製品開発協力，②当社の生産性向上のための製品改良
協力会社が自社に期待すること（推定）	①仕事の受注，②技術習得，③設備貸与
自社が協力会社に期待すべきこと	①当社社員の技術・能力サポート（相互補完），②当社の繁閑の波の調整機能の発揮

　仕入先・協力会社戦略で最も重要なことは，協働により顧客に提供する価値を拡大することである。

　通信工事会社のA社は得意先，仕入先（卸），協力会社と協働でエンドユーザーに防災通信システム一式を提供している。その際のプロジェクトマネジメントノウハウがA社のコア・コンピタンスになっているといってよい。

図表4－2－14 協働して提供価値を拡大している例

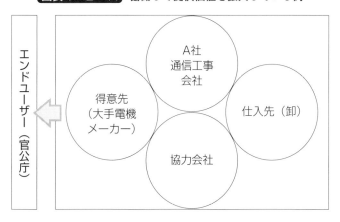

3 機能分野別戦略

要 点 ∙∙

☑ 機能分野別戦略は保有する機能の長期的な方針を示す。

☑ 機能分野別戦略には，①R&D（Research and Development）戦略，②マーケティング戦略，③生産戦略，④人事戦略，⑤財務戦略がある。

∙∙

図表4－3－1 機能分野別戦略の体系

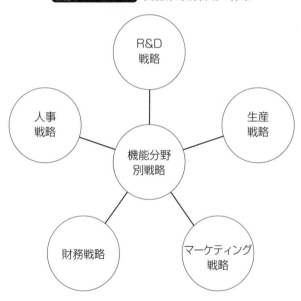

マーケティング戦略については，本章②(2)「得意先戦略」および第3章②(6)「4Pを使ったビジョン設定」を参照されたい。

ここでは，R&D戦略と生産戦略，人事戦略，財務戦略について述べる。

(1) R&D戦略

研究開発は通常，①基礎研究（特定の商業目的をもたない純粋科学的な研究），②応用研究（特定の商業目的のための科学的な研究），③実用化研究（基礎研究，応用研究の成果を製品，製法として実用化するための研究）に分類できる。

上場企業が①〜③を一貫して自前の研究所を使い研究開発を行っているのに対して，中堅中小企業は資金の制約から③の実用化研究を主としていることが多い。

したがって，R&D戦略は新製品・新技術の開発を目的としており，経営ビジョン策定のプロセスの中から生み出していくべき戦略である。

R&D戦略の構築は図表4－3－2のプロセスによる。

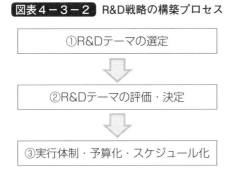

図表4－3－2 R&D戦略の構築プロセス

①R&Dテーマの選定

②R&Dテーマの評価・決定

③実行体制・予算化・スケジュール化

① R&Dテーマの選定

既存顧客，潜在顧客のニーズの把握とマクロ経営環境の変化（機会）と自社内の製品開発力，製造技術力の評価を組み合わせて，今後エネルギーを注ぐべきR&Dのテーマ候補を選定する。

図表４－３－３ R&Dテーマの選定

R&D戦略	既存顧客のニーズ 潜在顧客のニーズ	マクロ環境変化 機会
製品開発力の評価 製造技術力の評価		

　テーマ選定にあたっては，大別してマーケット・イン（主に市場機会や顧客のニーズに着目）のアプローチとプロダクト・アウト（主に自社の製品開発力や製造技術力に着目）のアプローチの２つがある。

　たとえば，食品メーカーが顧客の健康ニーズに着目してカロリーオフ製品の開発に力を入れるのがマーケット・インの発想である。

　プロダクト・アウトの発想の例としては，プラスチック成型メーカーが自社が持つ成型加工技術力を活用して従来とは違う用途の製品を開発する等が挙げられる。

　いずれも新製品の開発につながるため，下記のタイプの成長戦略になりうる。

図表４－３－４ 製品市場戦略

製品市場戦略	現製品	新製品
既存市場		新製品開発戦略
新市場		多角化戦略

　この段階では，可能性があるR&Dテーマをできるだけ数多くリストアップし，具体的なイメージを持っておくとよい。

　テーマは，○○市場向け○○製品とか，○○顧客用の○○製品というように市場・顧客に対する製品を明確にする。

② R&Dテーマの評価

　リストアップしたR&Dテーマを技術的競争力の視点と事業の魅力の視点，自社の市場参入の可能性の視点から総合的に評価する。

　この際，当然に経営理念や経営ビジョン，事業ドメインに合致しているテー

マが優先される。

図表4－3－5 R&Dテーマの評価（例）

テーマ	技術力希少性	競争優位性	市場ニーズ	市場規模	市場参入可否
A案	◎	△	◎	◎	○
B案	○	○	△	○	△
C案	◎	◎	現在は△だが将来的に◎		△

　結論例：短期的にはA案を目指し，中長期的にはC案を実現させるべく準備を進める。

③　実行体制・予算化・スケジュール化

　新製品のテーマが決定されたら，具体的な製品名，発売時期，生産開始時期，月産予定数，開発予算を決定し，実行体制と予算，スケジュール化を行う。

図表4－3－6 実行体制とスケジュール化（例）

ステップ	時期	実行体制	議事内容
新製品開発検討		製品開発会議	新商品開発テーマ検討
テーマ決定		製品開発会議	新商品開発テーマ決定・計画
技術試作		製造部	工場にて技術試作
DR（デザインレビュー）		製品開発会議	メンバー全員で試作品の評価を実施
量産引継会議		製造部・品質管理部	品質評価完了→量産仕様決定
安全性チェック		安全会議	製品チェック
量産試作		製造部・品質管理部	量産最終仕様にてライン評価
量産試作検討会		製品開発会議	信頼性，生産性，仕入先，コストなど
出荷認定		製造部・物流部	量産試作品評価
量産開始		製造部・物流部・営業部	立ち上がり品質，市場クレームの管理

(2) 生産戦略

　生産戦略は市場の需要予測と競合他社の生産能力から自社の生産能力と生産範囲（内製化か，外注化か）を決定づけることが最大の戦略となる。

　生産戦略の構築は図表4－3－7のプロセスによる。

図表4－3－7 生産戦略の構築プロセス

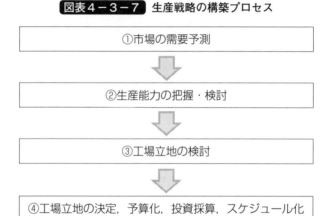

```
①市場の需要予測
   ↓
②生産能力の把握・検討
   ↓
③工場立地の検討
   ↓
④工場立地の決定，予算化，投資採算，スケジュール化
```

① 市場の需要予測

　自社が提供している製品市場の総需要がこれまでどのように推移してきたか，また，今後はどのように推移していくか。業界の関連協会の資料等を参考に需要を予測する。需要予測にあたっては，楽観的予測，標準的予測，悲観的予測の3パターンは作成しておきたい。あくまでも予測であるため，不確定要素が非常に強くなってしまうが，何らかの前提条件を設定して大胆に予測する。

② 生産能力の把握・検討

　現状の自社工場のみならず外注先協力工場も含めて，生産能力を把握する。また，可能であれば同製品を提供している競合他社の生産能力および今後の投資計画も把握しておきたい。需要予測と対比することでどれだけの生産能力の維持・拡大が必要かを検討する。

図表4－3－8 生産能力の把握・検討

生産能力＼需要	楽観予測	標準予測	悲観予測
当社			
協力工場			
競合他社			
合計			

　生産能力は基本的には設備の性能によるが，新しい機械設備を導入することで立地を拡大しなくても需要に対応できることもある。

　よって，生産能力の把握時に，既存設備の老朽化の程度や取替えの必要性を把握する。同様に外注先協力工場の既存設備についても老朽化の程度や新規投資の意思を確認する。

③　工場立地の検討

　生産能力が将来の需要予測を下回る場合は，新規工場の確保の検討を行う。その際の工場立地の検討項目として図表4－3－9に掲げた事項が考えられる。

図表4－3－9 工場立地の検討

検討項目	検討事項
消費地立地との距離	重点エリアへの納入リードタイム，物流コスト
原料メーカーの立地分布	重点仕入先からの納入リードタイム，物流コスト
競合他社との距離	顧客との結びつき
地域労働市場	求める人材の確保，給与水準，価値観等
物流ネットワーク	物流手段，パートナー等
税制面での優遇策	工業団地の誘致条件等

　また，基本的に工場を近場に一極集中させるか，分散化を図るかもさまざまな視点から検討する必要がある。

　それぞれのメリットは図表4－3－10のとおりである。

工場立地のメリット比較

一極集中	・原料仕入〜完成まで一貫体制による高い製造効率。 ・物流コスト低減：横持運搬がない。 ・情報の共有化が図れる。
分散化	・地震等災害が起きたときでも安定供給ができるようにリスク分散ができる。 ・消費地近隣に分散している場合，出荷物流コストが安くなり，短納期に対応できる。また，地域密着営業製造体制がとれ，顧客満足度が高くなる。 ・原料産地近隣立地の場合，仕入物流コストが安くなり，原料在庫圧縮が図れる。

　そもそも，自社では生産能力を一切持たず，製品の企画・開発機能に特化し，製造協力会社を見つけてきて生産を委託するいわゆる「ファブレス戦略」も選択肢の中ではありうる。

　また，自社工場内に機械設備を導入するが，資金調達が困難な場合，リース対応も考えられる。リース会社の承認も下りない場合，その機械設備を使って製造する製品の得意先が機械設備を購入して，賃借するという方法もある。

図表4－3－11　さまざまな生産戦略

さまざまな生産戦略	特　徴
ファブレス戦略	開発・営業両部門が一体となって，新商品開発・市場開拓を行い，しかも工場を持たずに外部に製造委託をすることで設備投資のリスク分散を行う。
機械設備の賃借	機械設備の所有権は取引先が保有。取引量に応じて賃料を支払う方法と毎月定額を支払う方法がある。また，修繕費の負担をどちらが負うか，所有企業の製品の製造に機械の使用を限定するか，他の得意先の製品製造にも使用してよいかによっても条件が異なる。

④　工場立地の決定，予算化，投資採算，スケジュール化

　工場立地が決定されたら，具体的な工場レイアウトの設計，動力・空調・給排水設備，機械設備の選定から予算化を行い，平行して投資採算の検証を行う。工場建設の工事会社の入札・決定後，具体的な工場建設スケジュールが決定さ

れていく。

図表4－3－12 工場建設のスケジュール化

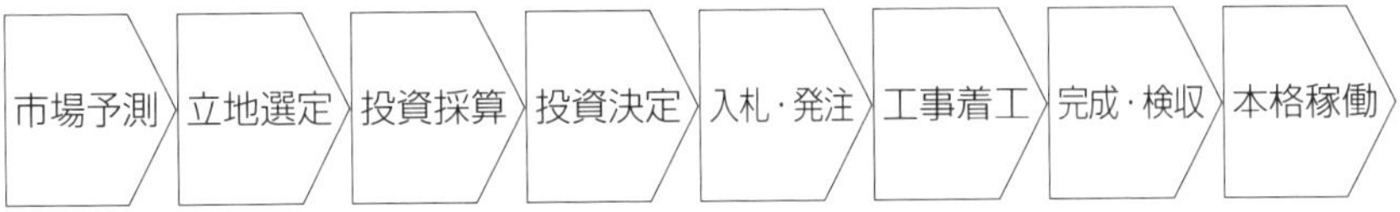

市場予測〉立地選定〉投資採算〉投資決定〉入札・発注〉工事着工〉完成・検収〉本格稼働〉

コラム　　　投資採算の基本

　投資採算というと難しく思われる方も多いかもしれないが，基本は非常
に簡単である。ポイントは，①利益よりもCF（キャッシュフロー）の概
念を重視する，②時間的価値を考慮する，の2つである。

　①　利益よりもCFの概念を重視

　まず，CF＝当期純利益＋減価償却費が最も簡便的である。当期純利益
を使用するのは，税金のキャッシュアウトを想定しているからだ。通常は
税引前利益×実効税率（40％前後）で税金のキャッシュアウトを予測す
る。減価償却費を足すのは，減価償却費が「お金が出ていかない費用」だ
からである（厳密には，投資をした時にお金が出ていって，「費用化され
た時にはお金が出ていかない費用」である）。減価償却費を足すことで，
キャッシュインの金額が予測できる。

　②　時間的価値を考慮

　大型の設備投資の効果が表れる期間は長期にわたることが想定される。
ところが，現在のお金の価値と将来のお金の価値は同一ではないので，将
来のお金の価値を現在価値に割引計算する必要が出てくる。

　（例）利子率が10％の状況において，現在の100円の将来価値は下記のよ
　　　うになる。

1 年後：100×110％＝110

2 年後：110×110％＝121

3 年後：121×110％＝133.1

ただし，<u>比較計算は現在時点で行わなければならないため</u>，現在の価値を未来価値に修正するのではなく，逆に「未来の価値を現在価値に修正」しなくてはならない。

（例）利子率が10％の状況において，現在の100円の 1 年後の価値は110であった。では， 1 年後の100円は現在ではいくらの価値があるだろうか？

100：110＝X：100

X＝100×100÷110＝90.9

（検証）90.9×110％＝100

この90.9のことを現価係数という。

キャッシュフローに現価係数を掛けると，現在価値が計算される。

では，上記の例の利子率10％に何を使用するかであるが，一般的にはその企業の資金調達コストを使用することが多い。

投資採算の評価方法としては下記の 3 つがある。

　a．回収期間法

　設備投資金額を何年間で回収できるか？　できるだけ短いほうがリスクが少ないので投資がしやすい。

　b．正味現在価値法（Net Present Value：NPV）

　設備投資後のキャッシュインを現在価値に割り引いて合計し，キャッシュアウト（設備投資金額）をキャッシュインの現在価値が上回っていれば，投資をしてもよいと判断できる。

NPV：将来生み出すキャッシュインの現在価値

　－必要な投資額（キャッシュアウト）の現在価値

NPV＞ 0 ：投資を実行すべき

NPV＜0：投資を見送るべき

　c．内部利益率法（Internal Rate of Return：IRR）

　　IRRとは，正味現在価値を0にする年金現価係数をいい，IRRが資金調達コストを上回っていれば，投資をしてもよいと判断できる。

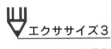
エクササイズ3

　今，下記の設備投資計画案がある。

　設備の使用期間は5年で，減価償却は使用年数での定額償却，法人税率は40％，資金調達コストは7％とした場合，

　Q1．何年で投資を回収できるか？

　Q2．正味現在価値はいくらになるか？

　Q3．IRRは何％になるか？

（単位：千円）

	投資時	1年後	2年後	3年後	4年後	5年後	5年間
設備投資	△100,000						△100,000
減価償却前利益		20,000	22,000	25,000	38,000	45,000	150,000
減価償却費		20,000	20,000	20,000	20,000	20,000	100,000
税引前利益		0	2,000	5,000	18,000	25,000	50,000
法人税等		0	800	2,000	7,200	10,000	20,000
税引後純利益		0	1,200	3,000	10,800	15,000	30,000
CF	△100,000	20,000	21,200	23,000	30,800	35,000	

現価係数表	1年	2年	3年	4年	5年
7％	0.9346	0.8734	0.8163	0.7629	0.7130

[解答例]

まず，CFを現在価値に割り引く。

（単位：千円）

	投資時	1年後	2年後	3年後	4年後	5年後	5年間
CF	△100,000	20,000	21,200	23,000	30,800	35,000	30,000
DCF	△100,000	18,691	18,517	18,775	23,497	24,954	

DCF：Discount Cash Flow：割引現在価値＝CF×現価係数

1．回収期間法

100,000千円をその後のDCFの累計が上回るのは，5年後（104,434千円）なので，約5年で回収できる。

$18,691 + 18,517 + 18,775 + 23,497 + 24,954 = 104,434$

2．正味現在価値法

正味現在価値＝4,434千円なのでプラスであり，投資してもよい。

$104,434 - 100,000 = 4,434$

3．8.5％

（単位：千円）

	投資時	1年後	2年後	3年後	4年後	5年後
CF	△100,000	20,000	21,200	23,000	30,800	35,000
IRR	8.5％					

[解　説]

IRRが8.5％の投資をするということは，金利8.5％の預金をすることと同じである。預金に預ける＝投資する。

預金を引き出す＝投資が生み出したCFを受け取る。

（単位：千円）

	①預金残高	②利息 ①×8.5%	③引出額	④預金残高 ①+②+③
1年目	100,000	8,483	△ 20,000	88,483
2年目	88,483	7,506	△ 21,200	74,788
3年目	74,788	6,344	△ 23,000	58,132
4年目	58,132	4,931	△ 30,800	32,263
5年目	32,263	2,737	△ 35,000	−0
合計		30,000	△ 130,000	

　このケースの場合，IRRが8.5％と資金調達コストの7％を上回っているので，投資をしてもよい，という結論になる。

⑶　人事戦略

　人事戦略は，経営者の人間観が反映される。わが国の企業の人事戦略に影響を与える経営環境の要因をリストアップすると，図表4－3－13のようなものが挙げられる。

図表4－3－13 人事戦略に影響を与える環境要因

	環境要因
経済環境	• 低経済成長下における企業内人口の高齢化の進展 • サービス産業の進展による女性向き職場の拡大 • IT技術の発展による情報伝達の効率化と事務作業の減少 • 中高年ホワイトカラーの余剰感 • 事務職女性の余剰感
社会環境	• 若年人口の減少と高齢化の進展 • 晩婚化と少子化 • 高学歴化 • 女性の社会進出 • 労働価値観の多様化 • 多様な雇用形態と柔軟な勤務形態 • ニート，フリーター，派遣社員の増加 • ワークライフバランスの重視 • ストレス社会，メンタルヘルス問題の顕在化 • 多様な資格制度と専門化 • 人材の活性化 • 職場のグローバル化
法令動向	• 定年年齢の延長 • 介護休業制度 • 育児休業制度 • 男女雇用機会均等法 • パートタイム労働法 • 労働派遣法 • 労働時間の短縮 • セクハラ，パワハラ対応の厳格化

　これらの経営環境の変化を受けて，人事戦略はパラダイム変換を迫られている。

図表4－3－14 人事戦略のパラダイム変換

	従　来	今　後
人事に関する基本的考え	• 組織の和 • 年功序列での平等	• 個を尊重した上でのチームワーク • フェアな競争環境の提供と職業選択の自由のもとでの平等
勤務形態勤務管理	• 集団一律管理 • 固定勤務 • 時間管理	• 個別多様管理・SOHO • フレックス勤務・産休・育休制度 • 役割・結果管理
採用戦略	• 数の補充 • 新卒一括大量採用	• 素質・適性の見極め • 適時適材補充
人材育成	• 単線一律コース • 企業主導一律型 • 背中を見て覚える	• 複数選択コース • 自己責任による選択型 • 懇切丁寧わかりやすく教える
人事評価	• 減点主義 • 失敗脱落 • 一方通行評価 • 能力重視 • 非公開	• 加点主義 • チャレンジ重視 • 多面的評価 • プロセス・結果重視 • 原則フィードバック

　人事戦略は大きくは，採用戦略，人事制度（賃金制度・賞与制度・退職金制度・評価制度），人材育成戦略の3つに分けられる。

① **採用戦略**

　新入社員を採用するか，中途採用をするかによって大きく異なる。また，新入社員を採用する場合でも，大学卒，短大卒，高卒，専門学校卒等さまざまな採用ルートがある。いずれも需要と供給の関係であり，人気がある企業・業種は良い人材が集まるが，危険・汚い・キツイ（いわゆる3K）職種は敬遠されるため，常に人材不足となる。また，理系と文系のどちらを採用するか，語学を重視するか等採用の視点が複雑化してきている。

図表４－３－15 新卒採用と中途採用の特徴

	特　徴
新卒採用	・経営理念を浸透させやすい。 ・安価な労働力の調達が可能。 ・自社の思いどおりに育成できる。 ・毎年継続的に採用することで，先輩社員の責任感が芽生え，成長する。 ・若い人材が入ってくることで組織の新陳代謝が起き，活性化する可能性がある。 ・人材育成のノウハウがなければ，成長のスピードが遅くなる。また，採用しても定着率が低く，採用・人材育成コストが高くついてしまう危険性がある。
中途採用	・職歴・経験によって必要なノウハウを持った即戦力の人材を確保できる。 ・他社の組織風土，人事制度，給与水準を知っているため，価値観が違うと衝突が起こる。

②　人事制度

　人事制度では賃金制度が最も重要である。従業員が会社で働く契約であるので頻繁に変えるわけにはいかない。

　終身雇用制度が崩壊し，年功序列の画一的な雇用形態から契約社員，パート，フリーター等さまざまな働き方があるなか，企業としては永く勤めてもらうのか，自社よりも条件がよいところへ転職することを前提に置くか等，労働環境の変化に応じた人事制度の設計が求められている。まがりなりにも，現在働いている従業員がいるということは，何らかの給与決定のルールがあるはずであり，労働基準局へ就業規則を提出しているはずである。時代に応じてどのように見直しをしていくのか，重要な課題である。

　概して若い人材は給与よりも就業時間や職場での人間関係を重視している。結婚して家庭を持つと支出が増えるため，給与水準が高くないと転職をしてしまう危険性がある。子供が就職して自立する年代になると給与よりもプライベートの趣味や，社会貢献や後輩育成に興味を持つ。体力的に就労が可能であれば，定年を越えても十分に戦力になる。

③ 人材育成戦略

スペシャリスト・プロフェッショナル（専門特化型人材）か，ゼネラリスト（マネジメント：組織運営型人材）のどちらを育てるか？　求められる熟練度と機能の幅から大きく分けて，図表4－3－16のような4つの人材グループが企業内に存在している。

図表4－3－16　4つの人材グループ

熟練度

補助的人材 アシスタント 一般職	機能別専門家 スペシャリスト	経営トップ層
		多能工人材 総合職

機能の幅

　企業の中で人数的に最も多いのは，総合職で採用してさまざまな職種を経験しつつマネジメントも学び，経営トップ層になっていくパターンである。もちろん，途中でスペシャリストの道を選ぶ人もいれば，トップ層になれない人もいるであろう。また，機能別専門家は従来は外部から熟練した人を中途採用することが多かったと思われるが，新卒資格保有者を採用し，企業内で育成していく例も増えてきている。いずれにしてもこれらの人材タイプの特色に応じた人事システムの構築が必要である。

図表4－3－17 人材タイプに応じた人事システム

項目	経営トップ層	機能別専門家	多能工人材	補助的人材
期待される役割	戦略に沿った全社的な問題解決	専門的能力の発揮	複数職務の遂行力	限定・定型反復業務の遂行と補佐の正確性
貢献度	極めて大	大	大	小
採用	プロパーが多いが，社外からの招聘もある。	社外調達および新卒採用育成の併用	新卒・中途採用と社内育成	社外調達（派遣・パート・アルバイト等）が主
報酬システム	年俸制，業績連動型	専門的課題解決の貢献度	多能工の度合い	勤務態度と定型業務遂行度
キャリア開発	自己啓発・自己責任	社内人材は組織が支援	組織が支援する研修制度	マニュアルによるOJT

⑷　財務戦略：企業存続の前提条件～資金調達を円滑に行う

　利益がいくら出ていても，お金の流れが止まってしまったら，企業は生きていけない。お金は血液だ。存続・発展のためには設備投資も必要だ。そのためのお金を貯めてきているか？　調達先を確保しているか？　資金調達先としての株主・銀行・取引先と良好な関係を築いてきたか？

　財務戦略は非常に重要な視点であるが，難しく語られるため，従業員が意識することが少なくなってしまっている。

　ポイントは1つ，「資金調達コスト以上の利回りを稼がなければ事業を行っている意味がない」という至極当たり前のことだ。

　1億円のお金を調達してきて，調達コストが5％＝5百万円かかるとしよう。事業を行って，少なくとも5百万円の利益を生み出さなければ，調達コストを差し引くと元本の1億円がどんどん少なくなっていってしまう。それではその事業はやらないほうがマシということになる。

図表4－3－18 調達コストを運用利益が下回る場合

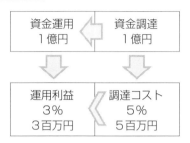

　調達コスト（5百万円）のほうが運用利益（3百万円）よりも多いので，この事業は赤字（持ち出し）であり，このままでは事業継続をする意味がない。

図表4－3－19 運用利益が調達コストを上回る場合

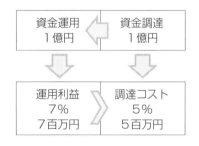

　逆に，運用利益が7百万円の場合，調達コストよりも多いため，事業継続の意味がある，ということになる。

　運用利益を具体的に表現すると，営業利益や経常利益，または営業CF，NOPAT（Net Operating Profit After Tax：税引後営業利益），EBITDA（Earnings Before Interest, Taxes, Depreciation and Amortization：利息・税金・減価償却・その他償却前利益）等が使われる。

　それでは，次にお金をどこから調達してくるか，という問題にぶち当たる。お金の調達先は，銀行と投資家の2つが主にある。銀行は低い利率で貸してくれるが，利益が出ても出なくても利息を支払わなければならない。一方，投資家からの資金調達は，利益が出なければ配当をしなくてもよいが，高い配当を

求めてくる。仮に銀行からの調達コスト（＝利率）が3％とすると，少なくとも投資家は3％以上の利回りを要求してくるはずである（投資家の利回りは事業のリスクによって決まる。原則はハイリスク・ハイリターンである。したがって，事業リスクが高ければ高い利回りを，安全・安定した事業ならば低い利回りを要求してくる）。

図表4－3－20 加重平均資本コスト

資金調達	資金調達コスト
借入金50百万円	調達コスト 3％ 1.5百万円
純資産50百万円	調達コスト 5％ 2.5百万円
合計：1億円	合計：4百万円

加重平均調達コスト：4％
(WACC：Weighted Average Cost of Capital)

　仮に，借入金50百万円の調達コストが3％，資本（＝純資産）50百万円の調達コストが5％だったとすると，会社全体の1億円の資金調達コストは図表4－3－20のように4百万円となり，加重平均調達コスト（WACC：Weighted Average Cost of Capital）は4％となる。よって，4％以上の運用利益を稼がないと意味がない，ということになる。ここで，資金調達をする際に，借入や社債等の負債でどれくらいを行い，株式発行でどれくらいを行うか，という財務戦略の考え方が必要となる。

　株式発行の場合は，返済の義務はないが，借入金より資金調達コストが高くなる。逆に，借入金や社債等の負債の場合は，株式発行よりも資金調達コストは低くて済むが，返済する義務がある。

　経営に唯一絶対の正解はないので，どこから，どれくらい資金調達をするのがよいのかは一概にいえない。ただし，いえることは，「経営を行っていく上

で，お金の出し手の意見は無視できない（重要である）」ということだ。また，負債と純資産の大きさのバランスを決めているのは，最終的には「お金の出し手」である銀行と株主である，ということである。

　経営者が行えることは，事業の魅力（成長性や安定性）を投資家に説明して，できるだけ調達コストを低くして多くの安定資金の調達をすることだったり，企業経営の安全性（負債の返済の完全性）を銀行に説明して，できるだけ低金利かつ長期で借入を行うことである。それが財務戦略に他ならない。

　事業の魅力や企業経営の安全性を説明するためには，「お金の使い道」が重要であり，「成果」を出すものに集中させて，実績を残さなければならない。

　また，非上場企業である中堅中小企業は資金調達を基本的には金融機関からの借入に依存せざるを得ない。時には，ファンドも資金の出し手になるが，多額の出資は期待できないであろう。

　金融機関からの借入に依存している場合，最もリスクを負っている銀行はどこか？　という視点が重要である。これは，無担保借入金残高を見るとわかる。リスクを負っている銀行の意見は無視できない。その銀行の方針に変化はないか？　銀行の業績も把握しておく必要がある。

図表4－3－21 無担保借入金残高（例）

（百万円，%）

	借入金	シェア	保証協会付	振替後残高	シェア	不動産担保	無担保残高	シェア
A銀行	500	33.3%	△200	300	20.0%	△150	150	11.1%
B銀行	450	30.0%	0	450	30.0%	0	450	33.3%
C銀行	300	20.0%	0	300	20.0%	0	300	22.2%
D銀行	200	13.3%	△50	150	10.0%	0	150	11.1%
E銀行	50	3.3%	△25	25	1.7%	0	25	1.9%
保証協会	0	0.0%	275	275	18.3%	0	275	20.4%
借入金合計	1,500	100%	0	1,500	100%	△150	1,350	100%

　たとえば，図表4－3－21の例では，表面上の借入金の残高はA銀行がシェ

ア33.3%と高いように見える。しかし，保証協会が保証をしている分を振り替えるとシェアはB銀行が高くなる。さらに，不動産担保を時価評価して控除すると無担保残高（どの銀行がどれだけリスクを負っているかを表す）が計算される。無担保残高のシェアでみると，何とA銀行のシェアはD銀行と同じになってしまい4位になる。B銀行のシェアが高く，2位がC銀行，3位が保証協会となる。当然，リスクを多く負っている銀行のほうが，その企業の経営に関する関心度合いは高くなる。業績が悪くなれば，耳が痛いこともいってくる。

　また，メインバンクをどこにするか？　も中堅中小企業にとっては，重要な問題である。都銀と地銀と政府系金融機関の組み合わせが考えられる。それぞれの特徴は図表4－3－22のとおりである。

図表4－3－22 銀行の特徴

種類	特　徴
都銀	日本全国，および海外に支店を持ち，ネットワークを持っている。全国展開している企業や海外進出をしている企業はさまざまな情報を得ることができ，各種アドバイスや提案をしてもらえる，というメリットがある。また，優良企業であれば金利は安くしてもらうことが可能。
地銀	地域に根差しており，地域企業の成長・発展が自行の成長・発展につながるため，面倒見がよい。地域密着型の企業にとっては，人的な結びつきも強く，気軽に相談できる存在である。
政府系金融機関	必ずしも利益第一主義ではなく，使命感を持ち，中長期的に企業と付き合う姿勢がある。民業圧迫といわれかねないため，積極的にメインバンクになりたがらない（結果的に融資残高が最も高くなってしまう場合は多々ある）。

　基本的には，地銀をメインに，大きな設備投資の場合は政府系金融機関にも依頼をし，全国展開や海外進出を考えているのであれば，都銀にも相談をする，という付き合い方がよい。

| コラム | 高収益企業の戦略研究 |

ファブレス経営で売上高営業利益率を50％以上上げている高収益企業がある。その企業の戦略は明確に「選択と集中と分散化」である。

まず，何に選択と集中しているかというと，取扱商品を絞っている。工場の自動化を推し進めるためのセンサーが主力商品なのだが，売上高総利益率が80％を超える商品しか取り扱わないという徹底ぶりだ。また，機能としてもファブレス経営のため，自ら製造工場を持たず，商品企画・開発と営業機能に絞っている。ついでにいうと，資金調達は自己資本比率94％，無借金のため，資金調達も自己資金に集中している。

それでは何を分散させているかというと，顧客と協力会社である。顧客は全世界，さまざまな業種にまたがっている。協力会社も１社依存ではないため，コロナ禍においても欠品なく提供することができている。リスクマネージメントが徹底的にできているということだ。

もう１つ特筆すべき戦略は価格戦略である。この企業の価格設定に対する考え方は通常の企業とはまったく異なっている。資源に乏しい日本の多くの企業は原料を海外から輸入して「いいものを安く」輸出して儲けることを求められてきた。その時の発想は原価＋自社の利益＝売価である。たとえば，20万円の原価であれば，自社で30％の粗利を確保するために，29万円の売価を設定してきた。ところが，この企業は20万円の原価の商品を100万円で販売している。この価格の設定は原価積上げではない。では，何か？　顧客のコストをたとえば200万円削減する，その対価として100万円の売価を設定しているのである。この企業の商品を使うと今まで数時間～数日かかっていた業務内容が大幅に削減され，顧客の生産性が飛躍的に上がるのである。

つまり，この企業は顧客のことを徹底的に調べ上げ，商品だけでなく，顧客の課題解決＝ソリューションという価値を提供しているのである。そ

のために，営業マンが顧客の顧客（エンドユーザー）のニーズや課題を把握し，その解決策を顧客と一緒になって実現している。ちなみに，営業マンは日々の営業活動で顧客のニーズをヒアリングして社内でそれを共有化し，そこから新しい商品開発が行われている。現場密着で顧客のニーズをタイムリーに吸い上げて迅速に商品開発につなげるビジネスモデルは最強だ。

4 業種別重点戦略

要 点 ‥‥‥‥‥‥‥‥‥‥‥‥‥‥‥‥‥‥‥‥‥‥‥‥‥‥‥‥‥‥‥‥

☑ 業種，特性および対面顧客によって重点戦略が異なる。

‥‥‥‥‥‥‥‥‥‥‥‥‥‥‥‥‥‥‥‥‥‥‥‥‥‥‥‥‥‥‥‥‥‥‥‥‥‥

図表4－4－1 業種別重点戦略

	特性	対面顧客	主な重点戦略
製造業	標準見込生産型	B to C	マーケティング戦略，商品開発戦略
		B to B	得意先戦略，商品開発戦略
	完全個別受注生産型	B to C	製品別マーケティング戦略，生産戦略
		B to B	製品別得意先戦略，生産戦略
	ロット別受注生産型	B to B	得意先戦略，設備投資戦略，設備稼働戦略
	大量生産型	B to B	
卸売業	メーカー下請型	B to B	仕入先戦略，得意先戦略
	独立型	B to B	新規仕入先開拓戦略，新市場開拓戦略，機能戦略
小売業	仕入販売型	B to C	マーケティング戦略，立地戦略，業態開発戦略，仕入先開拓戦略
	製造販売型	B to C	マーケティング戦略，立地戦略，業態開発戦略，商品開発戦略

ホテル業	装置産業	B to C	マーケティング戦略（需要に対応したきめ細かい価格戦略），ブランド戦略（コンセプト戦略）施設×サービス×飲食
運送業	車両別投資型	B to C	マーケティング戦略，設備更新戦略，ドライバー確保戦略
		B to B	得意先戦略，設備更新戦略，ドライバー確保戦略，物流拠点戦略

(1) 製造業

　製造業はその受注形態と品種の多少から，図表4－4－2の4つの区分に大きく分かれる。

図表4－4－2 製造業の4つの区分

見込生産

標準見込生産型　　　大量生産販売型

多品種　　　　　　　　　　　少品種

完全個別受注生産型　ロット別受注生産型

受注生産

① 標準見込生産型

　自動車メーカー，家電メーカー，食品メーカーなど製造業の中で最もポピュラーである。B to C，B to Bを問わず，エンドユーザーの動向を考慮した市場販売予測に基づき標準品を中心に見込み生産を行う。B to Cの場合，直営店，量販店，代理店等数種類の販売チャネルを保有している。近年はインターネッ

ト通販によるチャネルも充実させてきている。

　いずれも継続的な商品開発戦略が重要であり，既存の取扱アイテムの見直しをポジショニング分析などによって行う必要がある。商品開発の際に，標準原価を見積もる。量産化による生産性向上・コストダウン戦略，適正な製品在庫管理，販売予測の精度向上がポイントである。多品種少量の場合，ベルトコンベア式の生産ラインからセル生産方式へと変換しつつある。

②　完全個別受注生産型

　B to Cの代表例は不動産業，B to Bの代表例は建設業である。

　マクロ的には人口動態によってエリア別に需要予測はできるが，自社の受注予測はほぼ不可能である。1物件当たりの販売単価が高くなり，付加価値も大きいことが多いため，どういう物件を提供していくか，発注者仕様に基づく製品仕様がほとんどだが，競合他社との差別化された製品戦略が重要だ。過去の実績をデータベース化し，迅速に見積り提案を行うこと，また，実績をビジュアルに見せることが受注率アップにつながる。

　物件の規模と種類・特徴などから，図表4-4-3のようなマトリックスを作成する。

図表4-4-3 物件別マトリックス

	大型物件	中型物件	小型物件
製品群X	SBU 1		
製品群Y	SBU 2		
製品群Z	SBU 3		

　これらのマトリックスをSBU（Strategic Business Unit）として，収益性や得意分野かどうかを鑑みて，どのSBUを年間で何件受注していくか，という目標を立てる。そして，その製品戦略に合致した得意先探索の具体化を図っていくことが必要である。

　受注を受けてよいかどうか，常に受注残と生産能力（および制約条件）を見

て，顧客が要求する納期に間に合うかどうかを把握しておく必要がある。生産能力を超えた受注をしたときに依頼できる協力会社（外注先）を確保しておくことも重要である。

　B to Cである不動産業は，当然マーケティング戦略も重要となる。世帯の成長段階に合わせた住まいの提案を継続的に行うOne to Oneの視点が求められる。また，広告宣伝に限らず展示会開催等の販売促進戦略も重要な要素である。

　経営管理のポイントは物件別採算管理であり，変動費・固定費という分類よりも直接費（受注したらかかる費用）・間接費（受注しても，しなくてもかかる費用）という分類・視点が重要となる。

　経営目標は，間接費を最小限に抑えて，目標利益を加算した金額（ここでは直接利益と呼ぶ）を何件の物件で埋めるか，という視点で策定する。

図表4-4-4　物件別採算管理

直接利益目標	400	↑	確定物件，見込物件でどれくらい確保できていて，新規物件でどれくらい確保する必要があるかを明確にする。
間接費	300		生産能力を維持しつつ，徹底的にコストダウンをする。
減価償却費	50		②
経常利益目標	50		①－②
必要CF	100		①

　目標値の考え方としては，この直接利益をどのように伸ばしていくかが適切である。売上高目標は，物件が異なればまったく異なってしまうため，適していない。

　物件別採算管理は，物件が最終納品されたときに，当初予算と比較して採算はどうか，反省すべき点はなかったかどうか，総括を行い，次なる戦略構築に反映させていくべきである。

③　ロット別受注生産型：各種部品メーカー

　得意先が限定され，下請け加工型であることが多く，完全受注生産方式をとるため，発注者仕様となる。したがって，得意先戦略が極めて重要であり，取

引条件や得意先の意向・状況を把握した上で今後も付き合うべきかどうか，常に検討していくべきである。得意先からの生産計画の内示は事前にもらえるが，確定は直近にならないと伝えてもらえないことが多く，当初計画と数量がずれると人件費負担が嵩む（余剰人員が出たり，逆に残業が必要になったりするため）。

　基本的には在庫負担はない。しかし，原材料部品の発注～納品のリードタイムが長い場合，先行手配を行ったが，確定受注が見込みより少なくなり，原材料部品在庫を保有することになってしまう場合もある。

　特定の得意先への依存度が高い場合は，生産能力を考えた上で，新規得意先開拓へエネルギーを注ぐべきである。その際，既存得意先とは異なる業界にすることで，リスク分散を図ることができる。得意先別・オーダー別採算管理がポイントである。

④　大量生産販売型：製紙業，製鉄業，砕石業等

　限定的な得意先を対象に，少ないアイテムの標準品を中心に販売予測に基づいた見込み生産を行うため，得意先戦略が重要だ。

　また，保有するライン別に特性が異なるため，得意先・ライン別稼働率・採算管理がポイントとなる。ラインの稼働を止めずに連続生産を行うことで生産性の向上が図れるため，突発事故を防ぐ生産設備のメンテナンス，部品の交換履歴管理，定期検査が重要である。また，アイテムを少なくし，切替えによるロスをなくす必要がある。設備稼働戦略としては，需要があれば，３直体制で24時間フル稼働が望ましい。

　追加で設備投資を実行することで生産効率が上がることがある。需要予測に基づいた設備投資戦略の構築も重要である。機械の作業手順の標準化・簡素化のため，機械メーカー主催の研修に積極的に参加して習得し，多能工化を図る必要がある。

(2) 卸売業

　卸売業は仕入先メーカーへの依存度によって，メーカー下請け型と独立型の2つに分かれる。

　メーカー下請け型とは仕入先メーカーが極めて限定的であり，経営が元請メーカーの戦略に大きく依存し，自立性が低い卸である。

　当然，仕入先メーカー戦略が最重要となり，仕入先メーカーの戦略・動向を常に把握し，自社に何を求めているかを把握していかなければならない。同様に，得意先戦略も仕入先メーカーの戦略・意向を反映したものとなる。価格決定権はメーカーが握り，卸はほとんど持っておらず，ローコストオペレーションの徹底的な追求が必要である。

図表4－4－5 下請け型卸

　これに対し，独立型卸売業は複数のメーカーと一定の距離を保ちながら取引をしている。そのため，常に各メーカーから専属販売を要求され，板ばさみになりながら，独自性を保つための機能を得意先に提供している。

図表4－4－6 独立型卸

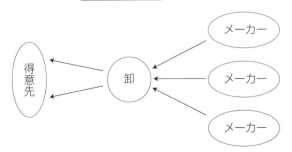

　独立型卸の戦略として重要なのは，高付加価値製品を作るメーカーを新規開拓するか，取り扱っている商品の用途開発を行うことによって成長分野へ参入し，新市場を開拓することである。そのために，仕入先と得意先へどのような「機能」を提供できるか，機能戦略の明確化が重要となる。

　卸売業が提供している代表的な「機能」には下記がある。

- 情報提供機能，与信機能，在庫調整機能，物流機能，顧客ニーズ提供機能
- 購買代理店機能，問題解決機能，小分け（小ロット化）機能，部分製造機能

　この機能の対価として，卸売業は粗利額を稼いでいるといえる。したがって，卸売業にとっての真の売上高は「粗利額」であり，いかに効率的に「粗利額」を稼ぐかが最大のポイントである。

　卸売業は人が資産であるため，人件費が最大の固定費になる。次いで物流コスト，金利コストである。これら固定費は将来の「投資」と考え，いかに少ない投資で多くの粗利額を稼ぐかを徹底的に追求する必要がある。そのためには，営業マンの能力強化，人材育成による生産性向上が必須である。

図表4－4－7 粗利と固定費

```
        ┌─────────┐
        │  粗利額  │ ·············· アウトプット
        └─────────┘
            ↑
        ┌─────────┐        ┌─────────┐
        │  固定費  │ ←──────│  投資   │
        └─────────┘        └─────────┘
        人件費が主

          差引

        ┌─────────┐
        │  利益   │
        └─────────┘
```

　また，卸売業がとるべき戦略としては，大別すれば，

①　製造機能保有（川上進出）戦略

②　小売業界への進出戦略（リテールサポート強化)

③　物流機能強化戦略

④　専門性の強化戦略（製品・業界専門商社）

があり，いずれも時間を短縮するためには，同業・異業種問わず，M&Aや提携を模索する必要があると考える。企業を存続するためには，大局的な視点で従来の競合企業とも手を結ぶことも意思決定せねばならない。経営者はそうなったときでも，生き残れるように自分を磨き，かつ，従業員の人材育成を行っておくべきである。

(3)　小売業

　小売業はB to Cのため，当然マーケティング戦略が求められるが，特に立地戦略（スクラップ＆ビルド戦略）が重要である。ターゲットをどこに設定し，どのような商圏を狙って出店するか，競合の状況はどうか，自社の都合で撤退できるのか，最小限の投資を最短で回収する必要がある。したがって，投資効率の視点が非常に重要になってくる。

【出店時の立地のポイント】

①　集客力があるか：自分の業種がそもそも集客力があるかどうか（ドラッグストア，パン屋，本屋等のデイリー性が高い業種は集客力がある）または，周辺施設に集客力があるSCや店舗などが存在しているか。複合的に集客力があるかどうか。

②　競合先の出店余地があるか：周辺の空き地や道路の開発計画の有無によって，将来的にお客様の流れが変わる危険性がないかどうかを検討する。

③　人口動態：人口の増加地区か，マンションや大学などの施設誘致などの計画はあるか。

④　テナントとして出店する場合，自社の集客力よりも複合施設としての集客力に依存してしまう。自社独自の集客ノウハウを持ち合わせていない場合，複合施設自体の集客力がないと収益力が落ちてしまう危険性がある。

【撤退時のポイント】

①　自社のスペースを増やすことによる増客の可能性の検討，または減らす

ことによる地代家賃の削減余地の検討をする必要がある。

② 周辺に集客力のある施設を誘致することによって増客の可能性の検討をする必要がある。

③ 保証金の最大限の回収や，固定資産除却損を最小限に抑えるための撤退ノウハウを持つ必要がある（設備をそのまま使ってくれるような企業が撤退後に入ってくれればよいので，そのような企業を紹介できるネットワークを持つ）。

④ 撤退すべきかどうかを判断するために，店舗別採算管理システムは必須である。基本的には店舗がキャッシュフローを生み出していなければ撤退すべきである。そうでなくとも，投資効率が悪い店舗は撤退候補となる。撤退すべきかどうかの判断はCFROI（CF÷店舗への設備投資，保証金，在庫）を使用する。一時的な指標ではなく，毎月，移動年計にて把握し，店舗の傾向を見て判断する必要がある。

⑤ テナント出店の場合は，不採算のため撤退を要望しても，実質的に了承してくれない場合がある。したがって，テナント出店は，出店時に相当検討しておくべきである。

また，一般消費者をターゲットとしているため，ターゲットを明確にして，お客様に満足を与えることが重要なポイントである。顧客アンケートなどによりお客様の声を常に把握し，顧客満足度を高めるような工夫を常日頃から行っておく必要がある。ターゲット顧客に合わせた商品戦略の構築が重要である。

お客様は小売業に対して，下記の要素を要求している。

- 製品：量，価格，アイテム数，品質，鮮度，機能性
- サービス：価格に見合ったサービス，セルフ販売であれば，説明書きや見た目のわかりやすさ，対面販売であれば，セールストーク（商品の特徴や材料の品質，産地など），試食サービス，アフターフォロー
- 店舗：わかりやすさ，清潔感，整理整頓，回遊性，明るさ
- 立地：便利さ，駐車場の入れやすさ，ワンストップサービス

仕入販売型の場合は，ターゲットに合致した製品の品揃えができ，品質・納

期に合致する仕入先開拓戦略が重要となる。

　また，製造販売型の場合は，製造拠点を店舗内に設置するか，集中工場（セントラル・キッチン）へ投資するか，生産戦略も重要だ。

　小売業は基本的には，固定客化が原則であり，固定客だけで利益が出る仕組みの構築が必要である。次いで新規顧客開拓の仕組み（紹介，チラシ販促，ダイレクトメール，CMなど），販促ノウハウが重要である。

　また，店長の手腕によって，店舗の業績は大きく異なってくる。店舗をいかに活性化させるか，店舗の従業員がいかに自発的に利益を出すための工夫を行うようになるか，が既存店の業績改善のポイントとなる。

　小売業を中長期的に継続させていくためには業態開発戦略が求められる。常に新しい業態が生まれてくるため，新規業態にアンテナを張りめぐらせ，既存店の業態転換のタイミングを逃さないようにしなければならない。

(4)　ホテル業：装置産業

　ホテル業はB to Cのため，マーケティング戦略が欠かせない。1つの施設の設備投資金額が多額になるため，立地戦略は慎重に行わなければならない。観光地か，ビジネス街か等によってホテルのコンセプトはかなり異なってくる。一般的にはホテルが提供する主な価値は「施設・部屋」，「接客サービス」，「料理・飲食」であるが，ホテルのコンセプトを明確にし，顧客のニーズに合致した価値を提供し，確固たるブランドを確立しなければ生き残れない。顧客ニーズは「コミュニケーション・イベント・楽しみ」などから「癒し・やすらぎ・くつろぎ・快適さ・非日常の空間等」に変化してきている。

　ホテル業は景気の状況や海外旅行の需要などの人の動きに大きな影響を受けるので，その年によって需要が異なり，年間の季節変動も激しい。そもそも，部屋は「繰越ができない在庫」であり，その日に売れなければ，すべてロスになってしまう。そして使わなくても老朽化していく。客室稼働率の推移，部屋単価の推移を把握し，部屋ごと，季節ごとの「売り」の明確化ときめ細かい価格設定がマーケティング戦略の肝である。また，施設は必ず老朽化するため，

計画的な修繕・投資戦略が重要である。

⑸　運送・物流業：タクシー，バス，トラック等

　運送業は，B to Cの場合はタクシー，バスであり，B to Bの場合はトラックが主である。B to Bの場合は得意先戦略が重要となり，運送業務以外に保管業務，在庫管理業務，据付業務等の周辺業務を行う場合も多い。

　何を運ぶかによって車両の種類が異なり，規制も異なってくる。車両の定期的な設備更新だけでなく，物流拠点や情報システムへの設備投資戦略も重要である。

　実働率（実際に車両が動いている日数）や積載率を高めるために，いかにして車を空で動かさないようにするか，が収益確保のポイントである。荷造・運転・据付という体力作業であり，交通違反や事故を起こさないような優良ドライバーの確保と定着化戦略も重要となる。

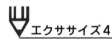エクササイズ4

　自社の業種および業種特性を確認し，重点戦略を考えてみよ。

業種および業種特性	重点戦略

第5章

組織運営

戦略を実行に移すための仕組みを構築する

　戦略を実行するのは，組織の人々である。1人ひとりが戦略の意味を理解して同じビジョンに向かって役割を遂行していく――そのために有効な仕組みは何か？　1人の人間が持つ潜在的能力はすごいものがある。本気になったらものすごい力を発揮するものだ。1＋1＝3以上になるような組織力発揮のコツは何か？

1 経済活動における組織とは

要　点 ･･･

☑ 組織は，①目的を持った，②複数の人間による，③システムである。

☑ 戦略を実行に移すためには，①組織風土，②モチベーション，③組織構造，④仕組み（システム・制度）がポイントである。

･･･

　組織とは，「協働（目的を持ってともに働く）のために，意図的に調整された，複数の人間（3人以上）からなる，行為のシステム（組織は進化するものである）」（バーナード『経営者の役割』1938年）。

　ここで，企業経営における「目的」とは，「利益を出して経営を継続していくこと」が大前提であり，その他に何らかの「目的」を持っている。その「目的」は「経営理念」となって形に表される。組織は経営理念を実現するために集まった集合体である。経営理念を実現するための戦略を実行に移すには，従業員のモチベーションを高め，組織風土を活性化させると効率的である。具体的にはどうすればよいのか？　エネルギーの注ぎ方やチームとして動くくくりである組織構造は組織図に表される。どのような組織が戦略の実行に適しているか，組織運営の原則を知る必要がある。その組織を動かしていくための仕組み（システム・制度）をどうすればよいか？

　企業経営における組織運営は，組織風土とモチベーション，組織構造（組織図），仕組み（システム・制度）の4つの要素に細分化される。

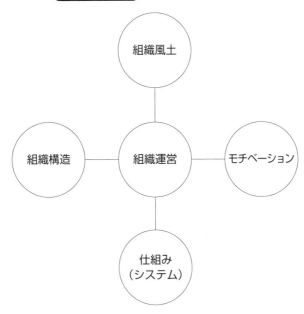

図表５−１−１ 組織運営の４つの要素

① 組織風土：組織風土は可視化できないため，肌で感じ取らなければならない（空気を読まなければならない）。

② モチベーション：従業員のやる気も組織風土同様に可視化できないため，肌で感じ取らなければならない。

③ 組織構造（組織図）：事業のくくり方，経営資源（ヒト・モノ（設備））の配分の仕方・エネルギーの注ぎ方が反映される。

④ 仕組み（システム・制度）：会社の中で「当たり前」のこととなっているルールにはどのようなものがあるか？　また，社内で行われている会議の目的や出席者，頻度等でエネルギーの注ぎ方，問題意識が明確になる。

② 組織風土

要　点 ●●

☑ 経営トップ層が理想とする組織風土を描いてみるとよい。

☑ 自分の意見をいえる組織風土に変える必要がある。

☑ 組織風土として，「問題」を「人」に求めてはいけない。

●●●

(1)　組織風土とは

　組織風土とは，企業特有の価値観や「空気」であり，社長をはじめとする経営トップ層の常日頃の口癖や行動が積み重なって，反映されて生まれてくることが多い。組織風土を表現する言葉は多岐にわたり，なかなか一言では言い表せない。主な特徴として図表5－2－1のような要素があろう。

図表5－2－1　組織風土の特徴

活発・活性化・活き活き	おとなしい・無□・疲れ果てている
自発的	指示待ち・やらされ感
助け合うチーム	プロフェッショナル個人集団
成長志向	安定志向
変革型	伝統型
行動スピードが早い	慎重な行動
顧客志向重視	従業員志向重視
バランス型	トンガリ型
体育会的	仲良しクラブ
何でもいえる	タブーが多い，いえない雰囲気
合議制	ワンマン社長
双方向コミュニケーション	一方的コミュニケーション
人の話をよく聞く	人の話を聞かない
前向き・ポジティブ思考	後悔・ネガティブ思考
ほめて伸ばす	叱って正す

　実際には，上記のような特徴がいくつか掛け合わされて組織風土を生み出している。たとえば，「体育会的」×「ワンマン社長」×「いえない雰囲気」×「人の話を聞かない」×「一方的コミュニケーション」となると，残念ながら「体育会」の持つ礼儀正しさや，きびきびとした行動，規律正しさ等の良い面が薄らいでしまう危険性がある。

　組織風土に正解はないが，経営者が理想として思い描いている組織風土と異なっていれば，どこかに問題があるので変えていかなければならない。

エクササイズ1

　理想と思う組織風土のイメージを書き出してみよ。

```



```

(2)　意見をいいやすい雰囲気の醸成〜心理的安全性（psychological safety）

　多くの中堅中小企業はオーナー企業であり，社長がワンマンであろうとなかろうと，なかなか本音をいえないという雰囲気が蔓延していることが多い。

　そのようなときは，まずは会議で「ブレーンストーミング」の「批判厳禁」のルールを徹底するとよい。何をいっても基本的に批判されないので，「意見をいいやすい雰囲気」が醸成されてくる。また，日頃から組織にとって大切なこと＝経営理念・経営ビジョン，行動規範を明確にしておくことも重要だ。

　また，問題解決の考え方で「なぜなぜ五回」という思考回路がある。それはなぜか？　を5回繰り返すことで本当の原因がわかる，という思考回路である。その際，絶対に「人を問題にしない」ことを徹底する。たとえば，売上が予算未達成の理由は営業部長のAさんのリーダーシップがないからだ，と「人」を

問題にすると，「Aさん」を変えなければ問題は解決しない，ということになる。しかし，人の性格を変えるのは時間がかかる。性格が変わらないと問題が解決されないので，最後にはAさんに会社を辞めてもらわなければならなくなる。それは本来求めていた解決方法ではないはずだ。いつも何か問題が起きると，「○○部の○○が悪いからだ」と人を問題にしている会社は，いつまでたっても問題は解決されず，いらいらが募っていくだけである。そこで，「なぜ，どうして」を問うのではなく，「何が，どこで」で質問するとよい。

- 「どこで，何が起きたのか教えてもらえませんか？」
- 「なぜ，この優先順位なんだ！」→「何が大切だと思ってこれを最初に実行したんですか？」
- 「なぜ，失注したんだろう？」→「営業プロセスのどこを改善すると受注率が上がりそうですか？」

コラム　ヒヤリハット事例の共有化

　筆者は，とある企業の安全教育センターを見学に行く機会があった。その企業は過去に命に係わる重大な事故を起こしてしまっており，その教訓から事故を二度と起こさないように，忘れないように全社員を対象に安全教育を徹底して実施している。

　そこで筆者が学んだことは，下記のとおりである。

（1）事故の原因の60％〜70％はヒューマン・エラーの連鎖であり，誰もがエラーを起こす危険性がある。エラーが連鎖して事故につながる。「危なかった」を報告していれば……。疑問があったら，言う，質問する。そしてそれをきちんと聞く文化を作る。

　　① 間違った情報を伝えていないか？
　　② 間違いやすくなっていないか？
　　③ プレッシャーを与えていないか？

（2）ヒューマン・エラーの種類

① 行為の失敗：単純な動作ミス，習慣的動作のミス，熟練による失敗

例：エレベーターのボタンの押し間違い

② 認知の失敗：見間違い，見落とし，思い込み，勘違い，聞き違い

例：赤信号に気がつかずに渡ってしまう

③ 記憶の失敗：短期的に忘れてしまう

例：冷蔵庫から牛乳を取ろうとしたときに話しかけられて，牛乳を取るのを忘れてしまう

（3）ヒューマン・エラーの発生率：7.9％〜12.8％の確率

チームで仕事をする職場では，自分は間違えていなくても，誰かが間違えている危険性がある。同じことを毎日繰り返している職場の場合，サーッとサイン・チェックをしてしまっていないか？　初心に戻って，しっかりとチェックする。

① エラーは根絶できない

② エラーは訓練ではなくならない

③ エラーは厳罰に処してもなくならない⇒厳罰を与えると逆に隠そうとする

（4）エラーの抑制・削減の仕組み

① 環境改善：いかに早くエラーに気づくか？

a．セルフ・モニター：指差し確認

b．チーム・モニター：ダブルチェック

c．警報システム

d．結果による気づき

② 教育・訓練の改善：安全とは？⇒事故がないこと＋「人および機械・器物に危害または有害な危険性が許容可能な水準に管理される状態」

必ずメモを取る。指示は文書です。伝える情報は 7 つ以内にま

とめる。

③　人間中心の設計⇒マニュアル・ルール・マナーは潜在的なリスクを排除する。

　a．自部門のマニュアルを守る：エラーをまず，自部門が食い止める！

　b．エラーや不具合を見たら，すみやかに報告する！　相談しやすい雰囲気づくりが非常に重要！

　c．誰もが理解できるマニュアル

結論として，ヒューマン・エラーはなくならない，ヒューマン・エラーの連鎖を断つには「ヒヤリハットの組織内の共有化：ヒヤリハットを日頃から言い合える雰囲気の醸成」が必要である，ということだった。「今日までの安全が，明日の安全を保証するものではない」，「安全にゴールはない」，「安全は1人ひとりの力，成すべきことを繰り返し積み重ねるしかない。自分だけが担っていると錯覚したり，自分は関係ないと錯覚しない」「本当にこれで大丈夫か？　想定していないことが起こる危険性はないか？」。これ以来，製造業のコンサルティングでは，ヒヤリハットをブレーンストーミングで書き出し，チェックリスト化して全従業員に定期的にチェックしてもらうようにしている。

(3)　意思決定のスタイルと管理スタイル

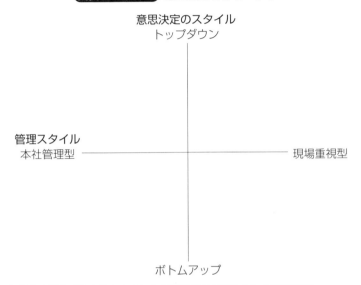

図表5-2-2　意思決定と管理スタイル

（出所：加藤篤士道著『生産性向上のための経営計画の進め方』中央経済社）

　意思決定のスタイルは「トップダウン」の場合はスピードは速い。逆に「ボトムアップ」による提案型を導入し，提案を受け入れることで組織が活性化する可能性がある。

　問題は，管理スタイルである。現場を重視した上でのトップダウンならばよいのだが，本社管理重視でのトップダウンは，現場の実態を知らないなかでの意思決定であり，方向を誤る危険性が高い。

図表５−２−３ 望ましい組織

望ましい組織：主語は組織構成員
① 共通の目的・目標達成のために協力している。
② お互いを尊重し，相手の話を傾聴している。
③ 目的・目標達成のために，本音で話し合い，自由に意見を交わしている。 （心理的安全性/サイコロジカル・セーフティが確保されている）
④ 自分の役割を認識して，最善の努力で使命を全うしている。
⑤ プロセスや決まりごとを理解し，遵守している。
⑥ 進捗や成果をチェックし，協力して問題解決や改善を図っている。
⑦ 自発的に能力強化を図り，お互いの成功と成長を支援し合っている。
⑧ お互いに信頼し，励まし合い，認め合っている。

コラム　　ストレス発散法

　ありたい姿を明確にできても，なかなか思いどおりにいかないことが多いものである。そうするとどうしてもストレスが溜まってきてしまう。筆者はコンサルティング先の従業員とブレーンストーミングでストレス発散法を数多く列挙し，できるだけ試してみることで日頃からストレスを溜めないように意識している。下記はストレス発散法の一例である。

- ・音楽を聴く，推しのライブに行く，カラオケで歌う
- ・小説を読む，漫画を読む，映画を見る，TVドラマを見る
- ・スポーツ観戦をする，登山をする，ジョギングをする，筋トレをする，ジムに行く
- ・犬と散歩する，犬と寝る，犬と戯れる，犬にご飯をあげる，犬トモと話す
- ・友達と食事をする，飲みに行く（愚痴らない），話をする
- ・旅行に行く，スーパー銭湯に行く，岩盤浴をする，マッサージを受ける

・美味しいお菓子を食べる，買い物をする，ウィンドーショッピングをする
・ひたすら寝る，ぼーっとする，海を見に行く，人間ウォッチングをする
・お風呂に入浴剤を入れる，お香を焚く，ローションを塗る，アイマスクをして寝る
・部屋の掃除をする，ベッドメイキングをする，排水溝の掃除をする
・台所の掃除をする，トイレ掃除をする，洗面所の鏡をピカピカにする

また，マイナス言葉を言っているとどんどん落ち込んでくるので，下記のマイナス言葉は言わないように心がけている。

> 辛い，つまらない，疲れた，もう嫌だ，もうダメだ，きつい，ムリだ，できない，やりたくない，苦しい，どうでもいい，難しい，困難だ，不幸だ，終わった，やってられない，暗い，負けた，不可能だ，勘弁してほしい

逆に，人間は感謝の言葉をちゃんと伝えられるとうれしいものである。関わりのある人に感謝していることを言葉で伝えるとストレス解消になる。

「いつも○○をしてくれて本当にありがとう」，「強みを発揮してくれてありがとう」

加えて，一緒に働くパートナーの方たちには「絶対にいい会社にしましょう」，「何とかコンサルティングの成果が上がるように一生懸命頑張ります」，「何とかよい研修にするために一生懸命取り組ませていただきます」というメッセージを意識して伝えている。

③ モチベーション

要 点・・

☑ 欲求5段階は，①生理的欲求，②安全欲求，③社会的欲求，④尊厳欲求，
⑤自己実現欲求。

☑ 企業経営においては，①自己の認知，②自己の能力向上，③給与水準の3
つをバランスよく高めることが重要。

・・・

　モチベーションは「やる気」，「動機づけ」であり，いかにして従業員のモチベーションを高めればよいか，悩んでいる経営者は多い。

　動機づけ理論では，マズローの欲求5段階説が有名である。人間の欲求は次の5つの段階を経ていくという説である。

　a.「生理的欲求：生きていくために，寝ること，食べること，休養をとること等の欲求」

　b.「安全欲求：安心で安全，健康な生活をしたいという欲求」

　c.「社会的欲求：何かの組織に所属したい，一緒にいる仲間が欲しいという欲求」

　d.「尊厳欲求：他人に認められたい，尊敬されたいという欲求」

　e.「自己実現欲求：自分の目標に向かって自分の能力を高めていきたいという欲求」

　従業員のモチベーションが低く，定着率が悪い企業はまず，生理的欲求と安全欲求を満たしているかどうか，自問自答してみるとよい。

　生理的欲求では，「十分に寝て，疲れを溜めないこと，ストレスを溜めないこと」が重要だ。長時間勤務や連続勤務を強いていないか？　従業員がしっかりと睡眠をとっているか？　まずは確認したい。

　次の安全欲求では，職場の労働環境を見直し，危険な作業はないか？　従業員が身の危険を感じることはないか？　怪我をしないように，腰を痛めないよ

うに，会社として気をつけているか？　確認が必要だ。

　生理的欲求と安全欲求が満たされていないとそもそも，従業員を採用して定着化させることは困難であり，企業経営の継続性が危ぶまれるため，早急に改善しなければならない。

　その上で現在の従業員がなぜ，自社で継続的に働いているのか，把握しておく必要がある。

エクササイズ2

Q1．自社の従業員はどのような行動・言動をしたときに喜ぶか？

Q2．自社の従業員が当社に入って働いていてよかったと思うときはどのようなときか？　逆にどのようなときに自社に失望するか？

図表５−３−１ 従業員が喜ぶとき（例）

共通の目標達成	・努力と結果が結びついたとき ・会社全体の売上が伸びているとき ・充実した仕事ができているとき ・共通の目的の達成がなされたとき ・頼まれたこと＋αのことができたとき ・商品提供（サンプル）が早く準備できたとき ・目標を共有化して達成させたとき ・予定どおりのスケジュールで仕上がりのよいサンプルができたとき
評価	・結果に対して，「感謝」の言葉を伝えられたとき ・社内外において，自分の価値を評価されたとき ・仕事内容に対して，伴う評価を頂いたとき ・利益が出て，皆の給与が上がったとき ・売上が上がり，社員に分配されたとき ・ほめられたとき
チームワーク	・互いに助け合うことができたとき ・良い人間関係・雰囲気を作るように心がけたとき ・他の社員が今何をしているか，何が問題になっているか，理解して解決したとき ・スムーズな業務になるための気遣いをしたとき ・相手の気持ちを考えて行動する，助けるとき ・仕事の流れを理解し，相手の立場に立って行動したとき

　一般的に，従業員がその会社で働く理由は下記の３つである。

　a．「生きていくため＝給料を稼ぐため」

　b．「この会社で働いていると，自分のためになる。勉強になるから」

　c．「世の中のためになり，この仕事にやりがいを感じているから」

　このことから，筆者は図表５−３−２の３つの要素が従業員が働くモチベーションになっているのではないかと考えている。

図表５－３－２　モチベーションの３要素

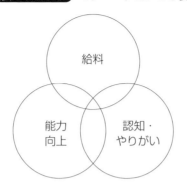

この３つのバランスが崩れると，従業員は会社を去って行くことが多い。

図表５－３－３　従業員が辞めるパターン１

　従業員が辞めるパターン１は，給料は高いが，従業員は能力向上しておらず，やりがいも感じていない状態，いわゆる「金でつながっている」関係である。俺にだまってついてこい，というワンマン社長がカリスマ性で引っ張ってきた会社に多い。この場合，企業の業績が悪くなって，社長に自信がなくなってしまったり，賃金カットなどをしようものならすぐさま自己実現意欲の高い優秀な従業員から去っていく。

図表5－3－4 従業員が辞めるパターン２

　従業員が辞めるパターン２は，給料も低く，能力向上も期待できないが，お客様から認めてもらうことで，やりがいを感じて救われている状態である。誰からも認められなくなってしまうと，当然従業員は去っていく。

図表5－3－5 従業員が辞めるパターン３

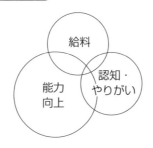

　従業員が辞めるパターン３は，給料も低く，誰からも認めてもらっていないが，自分自身の能力向上になっているので，勤めている状態である。当然，この企業で働くことで学ぶべきものがなくなったら，他で経験できる企業へ転職をしていく。

　会社という組織に所属していることで，基本的には社会的欲求は達成されている。したがって，次は，従業員を認知してあげること，存在自体を認めてあげて，尊厳欲求を満足させることが重要だ。その人が会社にいることでどれだけ会社が助かっているか，また，会社の行っている事業がどれだけ社会に貢献しているか，を実感させてあげることが重要である。

　次いで，研修などを実施して，能力向上をさせ，自己実現欲求を満たすよう

にする。

　成果が上がってきたら，利益計上に伴い給与に反映させる。

　社会やお客様から喜ばれて，仕事にやりがいを感じ，自分の能力が向上して
いることを実感しながら給与がアップすることほど面白いことはない。社会や
お客様に喜んでもらうために自分の能力を高め，成長に応じて給与がアップし，
さらにお客様に喜んでもらう。これが本当の「生産性向上」の目指すべき姿な
のである。

図表５－３－６ 生産性向上の目指すべき姿

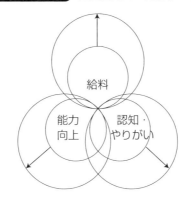

　企業経営に置き換えてみると，給与＝１人当たり人件費であり，能力向上＝
労働生産性（１人当たり付加価値）であり，認知・やりがい＝顧客満足（経営
理念）である。経営理念の達成のために従業員が能力アップをして知恵を絞り，
お客様に喜んでもらい，かつ，１人当たり人件費をアップさせていく。生産性
向上が目指すべき姿が実現されているとき，従業員のモチベーションは高まっ
ており，辞めようと思わなくなるのである。

4 組織構造（組織図）

要 点 ・・・

☑ 組織変更はあまり頻繁に行わず，狙いを明確にする。

☑ ①専門化，②統制の範囲，③責任・権限一致，④命令一元化が組織構造4
原則。

☑ ①目的・目標の共有化，②情報の共有化，③成果の公正な分配が組織維持
3原則。

・・・

　組織の発展段階を考えてみると，機能別組織→事業部制組織→カンパニー制
組織→マトリックス組織他と移り変わっていくのが一般的である。近年では，
ホールディングカンパニー制を採用する企業も上場企業では増えている。より
経営の裁量権を権限移譲し，利益責任を明確にしている。M&Aが容易にでき
るような体制が整ったといえる。

　組織構造については正解はないし，事業部制を採用していた会社が再度機能
別組織に戻ることで，また，異なる事業同士を掛け合わせることで新しい発想
を生み出そうとする試みもある。

　ただ，あまり頻繁に（1年間のうちに何度も何度も）組織体制を変更すると，
組織メンバーが何がなんだかわからなくなってしまうので好ましくない。組織
体制を変更する場合は，何らかの「狙い」があるはずなので，「狙い」を明確
にした上で組織メンバーに伝える必要がある。その「狙い」は経営戦略に密接
に関わってくるはずである。

　「組織は戦略に従う」（チャンドラー）

　いくら中堅中小企業とはいえ，従業員が20人以上になってきたら，何らかの
組織構造を明確にするほうがよい。

　組織構造を作るとき，図表5-4-1の4つの原則がある。

(1)　組織構造4原則

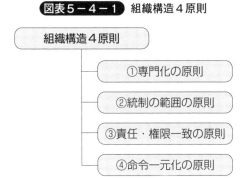

図表5－4－1 組織構造4原則

①　専門化の原則

　仕事を商品別，サービス別，顧客別，地域別，機能別（営業，製造，仕入等）等，同じ種類で分類し，できるだけ従業員が単一の仕事に専門化できるようにすべきとする原則である。

　これによって従業員は，それぞれがその役割について反復学習するため，必要な専門知識と熟練を容易に習得し，仕事の能率を高めることができる。

②　統制の範囲の原則

　1人の管理者が直接かつ有効に統制できる部下の数には限界があるという原則（8人が目安ではないか）である。

　従業員の数が増えると，経営者が直接すべての従業員に対して，業務の指示を出したり報告を受けることなどが難しくなる。そこで経営者と従業員の間に管理者（部長や課長等）が必要になるが，管理者の能力の限界を超えて部下の人数を増やしても，十分に目が行き届かないため管理能率は低下する。逆に1人の管理者の部下の人数を少なくしすぎると，管理能率は高まるが管理階層が増加し，情報の伝達速度が遅くなり，不正確になる。

③　責任・権限一致の原則

　従業員には与えられた仕事を遂行するため，適切な大きさの権限とそれに相当する責任が与えられなければならないとする原則である。部下の責任ばかり追及するが，権限をまったく与えていない経営者や，反対に権限ばかり主張し，仕事の結果に責任を取らない従業員が意外に多く存在している。また，責任に比べて権限が大きい場合は権限乱用のおそれがあるし，逆の場合はモラールダウンにつながるおそれがある。

④　命令一元化の原則（ワンボスの原則）

　従業員は１人の直近の上司からのみ命令を受けるようにしなければならないとする原則である。直属の上司と社長から，それぞれまったく違う業務指示を受けると，どちらの指示に従ってよいか迷ってしまう。

　この原則の徹底により，指示・命令・報告の系統が一本化され，組織の上下関係の秩序が維持され，統一ある行動が保証される。

(2)　組織維持３原則

　組織ができ上がったら，次にその組織を維持，継続していくための次の３つの原則がある。

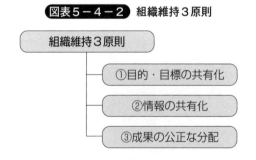

図表５－４－２　組織維持３原則

①　目的・目標の共有化

組織はそもそも，目的を持つことで組成される。企業における目的は「経営

理念」に他ならない。目標は「経営ビジョン」や数値目標である。組織構成員が自分たちがどこに向かおうとしているのか，常に意識をして，全員のベクトルを一致させるように，見失わないようにしなければならない。

②　情報の共有化

　目的・目標が共有化されても，情報に偏りがあっては，組織はかみ合わない。そもそも知識・情報に偏りがあっては話し合いや会議というコミュニケーションがとれなくなり，意思決定を誤ってしまう危険性が高くなる。情報がなければ意思決定はできないからである。

　中堅中小企業では業績数字を公開していない会社が多いが，基本情報が共有化されていないため，「なぜ，問題になっているのか？」がわからなくなってしまう。営業だけが知っている情報や製造だけが情報を持っていたり，社長だけに情報が集中する企業では，まずはそれらの情報の共有化にエネルギーを注ぐ必要がある。最初は言葉の定義すらわからないものだが，何度も何度も繰り返し質疑応答を繰り返していくことで共通用語となっていく。

③　成果の公正な分配

　いくら組織が成果を上げても，組織構成員に公正に分配されなければ，組織は長続きしない。企業経営においては，労働分配率（人件費÷付加価値）を共通目標に掲げておくことがよいと思われる。また，人件費の個々の従業員への分配方法も，あらかじめ，業績賞与制度や賃金制度等，何らかのルールによって明確化しておくとよい。

5 仕組み（システム・制度）

要　点

☑ ①仕組みの構築，②仕組みの公正な運用，③仕組みの有効性の検証と改善が組織マネジメント実務3原則。

(1) 組織マネジメント実務3原則

組織を有効に運営していくために必要な3つの原則がある。

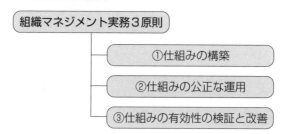

図表5-5-1 組織マネジメント実務3原則

① 仕組みの構築

企業内にある仕組みの例は，下記のようなものである。

- 中長期経営戦略策定システム：中長期的な視点で経営戦略を見直すためのシステム。
- 年度計画策定システム：年度計画の策定と進捗管理を行う中核システム。
- 計数管理システム：原価計算，在庫管理システム等を含み，目標設定・計画策定・実績管理に必要な計数データを適切かつ適時に提供するためのシステム。
- 目標管理システム：全社目標の体系的展開，社員1人ひとりの目標の具体化，策定および推進過程での部下指導を的確に行うためのシステム。

フィードバックとしての個人面談システムを含む。

- 業績管理システム：事業別，部門別，管理者別に業績を把握・管理できるようにするためのシステム。
- 成果配分システム：獲得した利益を社員に還元するためのシステム。業績評価と部門別・個人別配分決定ルールがポイントとなる。
- 各種会議体：異なる視点からの情報交換・情報共有，効率的かつ迅速な合意形成，メンバー間の信頼関係構築，当事者意識の醸成等がメリットとして挙げられる。
- 提案システム：ボトムアップで，幅広く意見やアイディアを募集，取り上げることで経営トップ層が気がつかないような改善案を取り込むことができるシステム。提案に真摯に対応することでモチベーションアップにもつながるが，フィードバックをしないと提案がされなくなる。

② 仕組みの公正な運用

構築された仕組みは，目標達成に向けて公正に運用する必要がある。当たり前のように，繰り返し実行されるようになるには，公正（偏りがなく，平等）である必要がある。公正でないと従業員がついてこなくなり（無言の抵抗），いつの間にか行われなくなってしまう。たとえば，上述のシステムのうち，成果配分システムが公正に運用されなかったら，一生懸命頑張った従業員がシラケてしまい，次の各システムは有効に機能しなくなってしまう。

③ 仕組みの有効性の検証と改善

仕組みを構築しても，経営環境の変化によって，有効に機能しなくなることがある。そのため，常に仕組みの有効性を検証し，改善していく必要がある。特に，経営トップ層が関心を持っている仕組みについては，従業員も深く関与してくるが，経営トップ層の関心が薄い仕組みは，従業員にもそれが伝わるため，段々と従業員の関与度合いが低くなってくる。仕組みを構築した人が，やり続ける強い熱意と信念を持って，見直しと改善を行わなければならない。

(2) 会議体制

　先述のように，会議体制はメリットが多くあるが，反面，「時間のムダ，目的が不明瞭」等の批判も多いのが会議である。どのような会議を，何の目的で，どういうスタイルで実施するか，企業によってさまざまである。図表5－5－2は，ある企業内で定期的に行っている会議の例である。

図表5－5－2 会議（例）

会　議	目　的	出席者	開催日
経営会議	意思決定	取締役，部長以上	毎月5営業日午前中
営業推進会議	営業戦略実現	営業部部長，課長	毎週金曜日午前中
生産会議	生産計画立案・実現	製造部署，部長，課長	毎週金曜日午後
品質会議	品質向上	品質管理部，製造部課長以上	毎月経営会議後
製品開発会議	新製品開発	製品開発部，企画部，営業部，部長，課長	毎月6営業日午前中

　中堅中小企業の経営会議に参加することが多くあるが，実際は経営会議以外の場で「意思決定」が行われていて，事後報告がほとんどである。それは，月1回の経営会議まで意思決定を待てない，というのが理由だ。しかし，本来は，先を見て早めに，事前に準備をしておけば，月1回の経営会議でさまざまな視点から十分に議論をすることが可能なはずである。もちろん，緊急に意思決定しなければならないこともあるだろうが，その場合は臨時経営会議を招集・開催すればよいはずだ。経営会議を名目だけの報告会議にしてはならない。

　会議運営は議長が極めて重要な役割を果たす。その会議で決定したいことは何か？　または共有化したい事実は何か？　誰にどのようなことを知ってほしいのか？　会議の目的を明確に持って臨むのと，そうでないのとではまったく異なってくる。

　また，会議開催ルールを決めて徹底することも重要である。

図表5－5－3 会議開催ルール（例）

1．時間厳守：開催日時は事前に連絡済みである。時間に遅れる人はそれだけで社会人としての信用を失う。最低限の当たり前のルールである。
2．資料事前準備：発表者は資料を事前に準備し，当日までに出席者に配布する。資料にはタイトル・日付・作成者名・ページを記載する。
3．ブレーンストーミング：批判厳禁を徹底する。活発な情報交換・意見交換を行うため，建設的なアイディアをすぐに否定していては何も意見は出てこなくなる。
4．会議の目的を常に意識する：会議の目的とはまったく違う内容の意見をダラダラと話すことは極めて非効率である。発言内容が会議の目的に相応しいかどうか，よく考えた上で発言する。
5．質問をする：情報の共有化が第一歩である。わからない点はわからないままにせず，会議中に質問をして共通認識とする。

エクササイズ3

自社の会議をチェックしてみよ。

項　目	はい	いいえ
1．会議の目的が明確になっているか？		
2．出席者は本音で話をしているか？		
3．また，本音の意見が出やすい雰囲気になっているか？		
4．一言も発言をしない人はいないか？　必ず最低一度は発言をしているか？		
5．会議の終了時に何らかの結論が出て，これからの行動に結びついているか？		
6．提案がなされたとき，すぐに否定していないか？		
7．議事録は作成されているか？		
8．次回の日程・議題を確認しているか？		
9．予定時間内に終了しているか？		

コラム　生産性とは

　「生産性」はインプットとアウトプットの割合である。分母にインプット，分子にアウトプットを入れる。

$$生産性 = \frac{Output}{Input}$$

　企業経営において，アウトプットには売上高や付加価値，インプットには従業員数や労働時間が該当する。

$$\frac{Output}{Input} = \frac{付加価値}{従業員数（労働時間）}$$

　また，生産性向上というと，①アウトプットを拡大する，②インプットを減らす，という単純な二者択一を考えがちであるが，雇用の維持・拡大を生産性運動三原則の最初に掲げている日本生産性本部の経営コンサルタントとしては，②のインプットを減らす，特に従業員数を減らす手段には極めて抵抗感がある。

　人間の身体にたとえると，インプットは食事，アウトプットは健康な身体だ。インプットである食事を減らしてしまうと，アウトプットである筋肉が衰えてしまう。したがって，アウトプットのためにはインプットが必要だ。

$$\frac{Output}{Input} = \frac{健康な身体}{食事}$$

　また，人間の心で比喩的にいえば，インプットは知識・情報，アウトプットは健全な精神になる。

$$\frac{Output}{Input} = \frac{健全な精神}{知識・情報}$$

　健康な身体にしろ，健全な精神にしろ，高い成果（パフォーマンス＝アウトプット）を求めると，多くのインプットをしなくてはならなくなる。

逆にいうと，高い成果（パフォーマンス＝アウトプット）が求められなければ，多くのインプットをする必要がなくなる，ということだ。ここでいう高い成果は，経営では経営理念や経営ビジョンの実現，数値目標の達成が該当する。経営理念・経営ビジョンの実現，数値目標の達成のためにインプットを増やし，インプット以上にアウトプットが増えると生産性が向上する。生産性運動三原則が目指す生産性の向上とは，そういうことではないだろうか？　労使が協力と協議を行いながら，雇用を維持・拡大させていき，それで生産性を向上させるということは，インプットである雇用を拡大する以上にアウトプットである付加価値を増やしていくことが求められるはずだ。

　私が目指す「生産性向上」はインプットの削減ではなく，アウトプットの拡大だ。アウトプットの拡大のためにはむしろインプットを増やしていくべきである（時々，「生産性を高め，付加価値を増加させる経営を目指せ」というフレーズを聞くことがあるが，私はこれに違和感がある。「付加価値を増加させて，生産性を高める」のである）。

（出所：日本生産性本部コンサルティング部編『15人の経営コンサルタントによる生産性向上策』生産性労働情報センター）

おわりに～中堅中小企業の新任社長が実施すべき10項目

　これまで，いかに企業を継続させるか，という視点で述べてきた。企業は上手に運営すれば，いつまでも継続させることができるが，残念ながら人間には寿命がある。企業経営を行う社長は，年齢や体力の問題からいつかは交代しなければならない。計画的に事業承継を行っている経営者もいれば，突然に社長交代をしなければならなくなってしまった企業もあるであろう。

　いずれにしても新しく社長になられた方は，自分で大丈夫だろうかと不安を抱えていることと推測する。何しろ，誰もこれからの時代のその企業の経営を行った経験者はいないのだ。今までと同じやり方をやっていれば失敗しない，などという保証はまったくない。

　自分が雇った従業員でもない人間を雇用し，自分がつくりあげた仕組みでもなく，何か問題が起きれば，すべての責任は最終的には社長が負わなければならない。社長を引き受けられた方には，その勇気に対し心から尊敬の念を抱いている。

　最後に，そのような勇気ある社長をサポートするため，「中堅中小企業の新任社長が実施すべき10項目」を述べておきたい。

1. 経営理念の確認と引継～自分自身の言葉で伝える

　すでにある経営理念を自分自身はどう受け継いだか，自分自身の言葉で従業員，取引先に伝える必要がある。もしも，価値観が一致しない部分があれば，謙虚かつ慎重に検討した上で自分の経営理念を新たに策定すべきである。これから経営者として企業経営を行っていく想いをぶちまけてほしい。

2. 自社の事業展開領域の再確認～誰に，何を，どのようにして提供していくか？

　まずは，現在の事業展開領域を再確認しながら，自社の経営資源の実態を把

握し，現在の身の丈に合っているかどうか，吟味する必要がある。もちろん，現状を再確認しながら，最終的には将来のビジョンをどう描いていくか，イメージを膨らませていってほしい。

３．過去の業績推移の確認〜時代背景と対応，良かった点，反省すべき点

　先代の社長が行ってきた経営を，時代背景を思い出しながら総括する。後出しじゃんけんであるので，「自分がこのとき社長だったらどうしたか？」という視点で，良かった点と反省すべき点を謙虚に把握する。多少の違いはあるが，同じ会社の過去の経営戦略は，今後経営を行っていく上で最高の参考書となるはずである。

４．現在の財政状態の詳細把握〜不良資産の洗い出しと今後の処理イメージ

　先代までの歴代社長が積み上げてきた財産の現状の姿を冷静に受け止める必要がある。中には何の価値もなくなってしまった不良資産もあるであろう。歴代の社長も負の遺産を後世に残したくなかったはずだ，と思いたい。不良資産の存在は反面教師として受け止め，自分はこのようなお金の使い方をしない，と肝に銘じ，自分がこの不良資産をきれいに片づけていくという強い信念を持ってもらいたいと願う。

５．資金繰りの詳細把握〜借入金返済スケジュール，メインバンクとの信頼関係構築

　社長が資金繰りに追われてしまう状態は，会社にとってかなり危険な状態である。しかし，社長は自社の資金繰り状況について，常に詳細に把握しておかなければならない。少なくとも向こう６ヵ月〜１年間の資金繰りについて，いつ，いくら資金ショートする可能性があるか，そのときにはどの銀行に借入を依頼すればよいか，を把握する必要がある。資金繰りは毎月変わるため，タイムリーな把握と早めの対応が大きなポイントである。資金ショートする直前に銀行に駆け込んでお願いするのは最悪のパターンである。銀行別借入金残高と

担保提供状況，返済スケジュール等を把握した上で，新任社長は銀行との信頼関係を構築しなければならない。銀行も，新しい社長はどういう人間なのか，計数管理能力がどれくらいあるのか，非常に興味を持って見ているのだ。

6．組織・従業員の状況把握〜個別意見交換の実施（年齢，勤続年数，給与水準，会社への要望等）

　社長からすれば，自分が雇った従業員でもなく，雇用条件も先代社長と従業員が決めたことであることが多い。新任社長よりも年上・先輩の従業員も数多くいると思う。そのような従業員をいかに1つにまとめていくか，新任社長の重要な役割である。まずは，経営理念をしっかりと自分の言葉で伝え，日頃の勤務について感謝を述べた上で，謙虚に意見を聞き始めるとよい。社長が何から何までわかっている必要はない。わからないことは正直にわからないといえばよい。重要なのは，「わかろうとする姿勢・気持ち」である。できれば，一部の従業員ではなく，全従業員の意見を聞いて，自社の現状の実態を把握すべきだ。残念ながら，従業員は社長にはなかなか本音をいいにくいということは知っておくとよい。従業員が「この社長には何をいっても無駄だ」と思ってしまい，意見・要望を話さないようなことがないように気をつけてほしい。裸の王様は非常に恐ろしいことだ。

7．現場視察〜5S状況，設備の安全性・老朽化・生産性の把握

　製造業であれば自社工場を，小売業であれば自社店舗を，卸売業であれば自社の営業拠点をすべて巡回すべきである。5S（整理・整頓・清掃・清潔・躾）のうち，特に「整理：いるものといらないものを区別して，いらないものを棄てる」を実施すべきである。「棄てる」最終意思決定権限は社長にある。社長が指示しなければ，今後もずっと棄てられずに残る可能性がある。また，既存設備が安全かどうか，老朽化していないか，きちんと稼働しているか，現場担当者から現物を見ながら説明を受けるとよい。すべてを把握した上で，優先順位をつけて設備投資を実施する旨を伝えなければならない。

194

8．仕入先・協力会社訪問・工場視察〜自社の理念説明と協力体制の確立

　仕入先・協力会社はパートナーである。新任の挨拶と同時に自社の経営理念を説明し，自社の工場と同じ目線で協力工場の視察をするとよい。仕入先・協力会社の経営理念もあわせてお聞きしておきたいものである。部品・製品の安定供給をしてくれるかどうか，高齢化が進んでいないか，一緒に繁栄をしていくというスタンスで協力体制を確立してほしい。

9．得意先訪問〜自社へのニーズ，潜在的な要望事項の把握

　日頃の感謝の気持ちを忘れずに，自社へのニーズを謙虚にお聞きして，迅速な対応を心がけながら，今後も末永くお付き合いできる得意先かどうか見極めが必要である。得意先の経営理念や今後の経営方針をお聞きし，潜在的な要望事項を感じ取っていきたいものだ。

10．上記1〜9を踏まえた「5年後のありたい姿＝ビジョンの策定」と浸透

　自社のこれまでの歴史と現状を把握したら，いよいよ新社長による5年後（10年後でもよい）のありたい姿＝ビジョンを策定すべきである。得意先や仕入先・協力会社，従業員にとって魅力的な「ありたい姿」を描いてほしい。できる，できないは関係ない。魅力的かどうかが重要だ。達成するための道筋を可能な限り具体的に表現できるとなお良い。

　自信を持って「このビジョンを達成するために一緒に頑張っていこう！！」と呼びかけてほしい。賛同してくれる仲間を少しずつ増やしていけばよい。後は前を向いて，実行していくのみである。

【編者紹介】

公益財団法人 日本生産性本部　コンサルティング部

公益財団法人 日本生産性本部は，企業を中心としたあらゆる経営組織の長期的な発展を目標に，「生産性向上」を目指す経営コンサルティングを実施している。経営コンサルティング事業を開始したのは1958年。柱の１つである経営コンサルタント養成事業では，これまで7,300名以上の経営コンサルタントを世に送り出した。

コンサルティング部では，専属経営コンサルタントを約50名組織し，「全社改革」「経営戦略」「人事制度」「人材育成」「業務改善」「生産革新」等を主な領域としている。大企業から中堅・中小組織までを支援し，業界としても製造業・サービス業・金融業・自治体・医療介護・学校など多岐にわたる。

年間600件を超える診断指導・支援を実施しており，「人的資本経営」「SDGs経営」「DE&I」「健康経営」「DX推進」など，新たなテーマでの事業展開も活発に行っている。

URL：https://www.jpc-net.jp/consulting/

【著者紹介】

加藤　篤士道（かとう　としみち）

公益財団法人日本生産性本部　主席経営コンサルタント

1967年	東京都生まれ
1990年	早稲田大学商学部卒業
1990年	KPMGセンチュリー監査法人入所
1994年	公認会計士登録
1996年	「（財）社会経済生産性本部（現（公財）日本生産性本部）経営コンサルタント養成講座」修了後，同本部経営コンサルタントとして各種事業体の診断指導，教育にあたり，現在に至る。

中堅・中小企業の生産性向上による経営改善と成長を主たる目的として，総合経営コンサルティングおよび人材育成セミナーを実施している。

著書に，『まるかじり決算書』中央経済社（共著），『企業再生のための経営改善計画の立て方』中央経済社（共著），『生産性向上のための経営計画の進め方』中央経済社，『銀行と「いい関係」を築く法』中央経済社（共著）がある。

経営コンサルティング・ノウハウ 1

経営の基本〈改訂版〉

2014年9月20日　第1版第1刷発行
2022年7月30日　第1版第9刷発行
2023年9月20日　改訂版第1刷発行

編　者　公益財団法人日本生産性本部
　　　　コンサルティング部
著　者　加　藤　篤　士　道
発行者　山　本　　　　継
発行所　㈱　中　央　経　済　社
発売元　㈱中央経済グループ
　　　　パ　ブ　リ　ッ　シ　ン　グ

〒101-0051　東京都千代田区神田神保町1-35
電話　03 (3293) 3371 (編集代表)
　　　03 (3293) 3381 (営業代表)
https://www.chuokeizai.co.jp
印刷／文唱堂印刷㈱
製本／㈲井上製本所

© 2023
Printed in Japan

＊頁の「欠落」や「順序違い」などがありましたらお取り替えいた
しますので発売元までご送付ください。（送料小社負担）
ISBN978-4-502-47511-5　C3334

JCOPY〈出版者著作権管理機構委託出版物〉本書を無断で複写複製（コピー）することは，
著作権法上の例外を除き，禁じられています。本書をコピーされる場合は事前に出版者著
作権管理機構（JCOPY）の許諾をうけてください。
　JCOPY〈https://www.jcopy.or.jp　eメール：info@jcopy.or.jp〉